JN062950

改訂第2版

特別活動の理論と実践

～生徒指導の機能を生かす～

はじめに

　本書は、大学における教員免許状取得のための教職課程必修の「特別活動の指導法に関する科目」の授業（小学校、中学校、高等学校の免許用）で使用することを目的としている。

　特別活動は、教育課程の柱のひとつであり、学級活動・ホームルーム活動、児童会活動・生徒会活動、学校行事の3つ（小学校はクラブ活動を加えた4つ）の内容からなる。集団活動を通して個性の伸長を図ることで人格的な成長・発達を促し、社会性を育成するなど、きわめて重要な学習の場である。この学びを支援するためには、教師が適切な指導・助言を行い、児童生徒が生き生きと活動することができる場を創出することが必要である。

　そこで、教員養成段階では、教員免許状取得希望の学生が、特別活動についての基本的な知識を得るとともに、特別活動の指導で果たす教師の役割などについて十分理解をすることが重要である。そのためには、知識伝達型の方法ではなく、実践型・討論型の形式を取り入れた授業が必要となる。このような形式を取り入れた授業実践では、学生相互が研鑽し、考えを他者に伝えたり、グループで協働作業をしたりする契機となるような内容を盛り込んだテキストが必要である。本書は、そのような必要性に応えるために『特別活動の理論と実践　〜生徒指導の機能を生かす〜』（2018年）をもとに加筆修正して作成した。

　特徴は以下の通りである。
① 　難解な学術書ではなく、わかりやすい入門書である。
② 　総論、各論では、学習指導要領など基本的なことがらの説明を丁寧にしている。
③ 　実践事例は、児童生徒の実態や様子と同時に、教師の立場からの葛藤や喜び、悩みをリアルに表現している。
④ 　指導実践論については、いま学校教育で求められているものを取り上げている。
⑤ 　演習課題への解答は書き込み式とし、学生が考えるための機会を提供している。

　学生諸君が、本書を用いて特別活動について効果的に学ぶ契機となることを願っている。

編者代表

2020年7月7日

もくじ

～～*～*～*～*

第1章

～～*～*～*～*

総　論

～～*～*～*～*

第1節 教育課程と特別活動

1. 現代の学校と教師の仕事

　小学生、中学生、高校生にとって学校とは、1日のうち最も多くの時間を過ごす、いわば生活の要である。ひとりの人間が成長・発達していく上で、欠くことのできない機関であるといってもよい。そのような社会的責任から、現代の学校教育は多くの役割を担っている。例えば、教科の授業を通して知識や技能を獲得させるだけではない。そのため教師の仕事も多岐にわたっている。

　卒業生で中学校の教師になった人から話を聞いていたところ「仕事のうち教科の指導に割く精神的、物理的な時間は30％くらいですよ」という発言がとび出した。それも一人や二人ではない。「うちは課題集中校なので30どころじゃない。10％ですよ」と言う人もいた。学校教育の中心的な役割である教科指導に対して、これだけの時間かと思うかもしれないが、実際はそのような状況なのであろう。とすると残りは、教科以外の領域ということになる。これほど力を注ぐ活動が「特別」というのも変なものであるが、特別活動を含めた教科外活動も学校教育の重要な柱となっていることは否定できない。

　では、教科以外とは何か。教育課程で確認しておこう。

2. 教育課程とその編成

　各学校では、文部科学省が告示する学習指導要領を最低基準として、教育課程を編成することになっている。

　教育課程とは「児童生徒がどの学年でどのような学習（教科、教科外）に従事するのが適当であるかを定め、その学習の内容や種類を学年別に配当づけたもの」のことをいう。教育課程は、戦後間もない頃は「教科課程」とされていたが、今では「教育課程」と呼ばれている。このことは、教科以外のさまざまな活動も正規の教育活動として位置づけられているということを表している。では、教科以外の教育活動とは、具体的にどのようなものだろうか。

　学校教育法施行規則によると、小学校の教育課程は、各教科、特別の教科・道徳、総合的な学習の時間、外国語活動、特別活動で編成され、中学校は各教科、特別の教科・道徳、総合的な学習の時間、特別活動、高等学校は各教科に属する科目、総合的な探究の時間、特別活動によって編成されることになっている。つまり、教科以外の教育活動は、総合的な学習（探究）の時間、外国語活動、特別活動ということになる。特別活動

は課外ではなく、また余計なことではなく、学校教育を担う5つの柱（中学は4つ、高等学校は3つ）のうちの1つであることをまずは認識しておきたい。

　なお、任意参加でおこなわれる部活動は教育課程外であるが、中学校・高等学校では重要な教育活動として捉え、力を入れている教師や学校も多いのが実情である。

　教育課程は学校ごとに編成することになっているが、その指針（最低基準）となっているのが文部科学省が告示する学習指導要領である。ここには教育課程編成上の留意点や各教育活動の目標、内容、指導上の留意点や配慮事項などが書かれ、これまで、ほぼ10年おきに改訂されてきている。最新のものは、2017（平成29）年に小学校・中学校用が、2018（平成30）年に高等学校用が告示された。

3．学校教育の2つの機能

　教科の学習とそれ以外の教育活動については、古くから教育学では、陶冶と訓育という二つの教育的側面として取り上げられてきた。ごく簡単に述べれば、「陶冶」は文化遺産によって知識・技能を形成する作用であり、「訓育」は意欲・感情などに働きかけ人格形成をおこなう作用のことである。

　教育は、学習者の個人的な資質を高め、その可能性を最大限に発揮することができるように支援する営みであると同時に、人類の発展という観点からみれば、文化遺産を継承するという重要な責務を負っている。前者は主に教育の訓育的機能について、後者は主に陶冶的機能についての意義をもつが、この両者は本来二項対立的なものではない。あくまでも教育という営みを形成する二つの要素とみることができる。その意味で相互補完の形で教育目的の達成を目指すものなのである。今、教育目的といったが、日本の教育基本法の第1条には、教育の目的として「人格の完成」を挙げている。つまり、陶冶と訓育は両者合わせて人格の完成へと向かう車の両輪なのである。どちらかがおろそかになれば教育は不十分だと言わざるをえないのである。

　陶冶と訓育の理念は、学校教育の機能面に着目すると、「学習指導」と「生徒指導」と言い換えることができる。学習指導は生徒の知的成長・発達を促す機能であり、生徒指導は生徒の人格的成長・発達を促す機能である。ここでいう学習は、教科学習のことだけをいうのではない。あくまでも機能としてのそれであり、同様に生徒指導は、狭い意味での生徒指導（あるいは生活指導）をさすわけではない。

　学校教育は、この2つの機能から児童生徒の成長・発達を支援する機関であるということができる。

4. 学校教育の5つの柱と2つの機能の関連性

　では、教科、特別の教科・道徳、総合的な学習（探究）の時間、外国語活動、特別活動の5つの柱に、学習指導と生徒指導の2つの機能がどのように関わっているのだろうか。

　2つの機能は、両者が補完的にはたらくのであるから、基本的には5つの柱すべてではたらくものである。とはいっても、そのはたらきかたには強弱があり、陶冶としての学習指導の機能は主に各教科、総合的な学習（探究）の時間、外国語活動でおこなわれ、訓育としての生徒指導の機能は主に特別活動や特別の教科・道徳で行われるといえる。もちろん、教科の時間でも生徒指導は行われるし、特別活動でも知的な理解を促す場面はあるから、これはあくまでも2つの機能の内どちらかがより多くはたらくかを示したにすぎない点に注意してほしい。

図1‐1　学校教育【5つの柱と2つの機能】

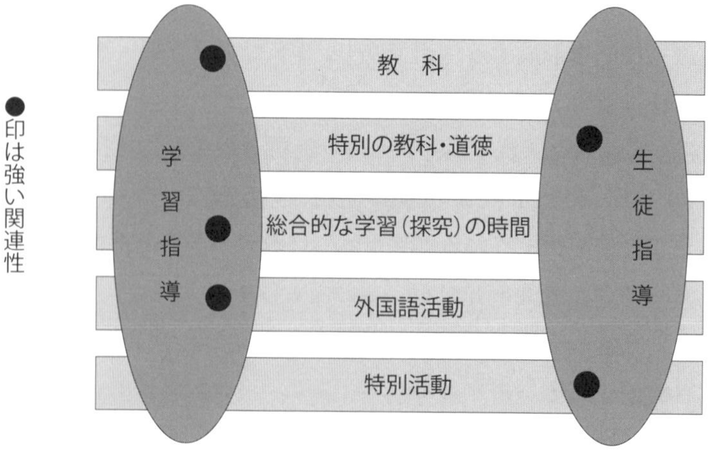

　かつて筆者が中学校に勤務していた際、生徒と接していてよく感じたことは、場面に応じて生徒の表情はさまざまであるということである。たとえば授業の時に冴えない顔つきをしていた生徒が、部活動の時に会うと生き生きとした表情を見せてくれることがある。また、学校行事の時に何気なく話をしたことがきっかけで、その生徒に対する理解が格段とすすみ、授業の際により効果的な指導ができる、ということもあった。自分が担当している教科の授業でおとなしいからといって、その生徒が本当におとなしいとは限らない。その教科が大嫌いで我慢しているのかもしれないのである。授業という1つの観点で（物差しにあてて）児童生徒の全体像を捉えてしまうのではなく、多角的・多面的に児童生徒を捉え、その成長・発達を支援するようにしたい。（中学校・高等学

校では教科担任制であるため、小学校と比べて前者になってしまう可能性が高い。）そのためには、特別活動と他の教育活動の関連づけや連携の重要性を認識して指導する必要がある。

5. 特別活動の学びの世界

　ここでは、2つの側面から特別活動の学びの特質を説明する。

①集団を通して学ぶ

　多種多様な集団活動を通して個人的資質や社会的資質の向上を目指す活動が特別活動である。この「集団」も教科の時の集団と違って、異年齢集団であったり、学校行事に見られるように大きな規模の集団であったりするのが特徴である。

　集団の中では、他者を知ることによって自己理解を深めるということもあるだろう。所属感を得るという意義もあるだろう。社会生活を営む上で、人は他者の存在なしには生きられない。したがって集団の中で自己を生かすことの意義を知り、そのための技能を獲得することには重要な意味がある。「人とのかかわり」の希薄化が指摘されているが、特別活動を充実させることで再生できる部分も多いだろう。

　ただし、集団活動を重視するといっても過度の集団管理教育となってはならない。個が埋没しない、それでいて集団としての統一性がある組織作りが求められているのである。

②体験を通して学ぶ

　「なすことによって学ぶ（Learning by Doing）」という言葉がある。本からの知識や話を聞いて学ぶことではなく、実際に体験してみて、やってみて、活動してみて学ぶことをさす。学校祭などで、自分たちが運営委員として主体的にかかわり、1つのイベントを成し遂げたという充実感、達成感を味わったり、仲間との協力等から人間関係を学んだりすることなどは、その良い例である。また、人間や自然とのふれあいによる喜び、スポーツなど体を動かすことによって得られる爽快感など、体験を通してしか味わえないことができるということもある。現代社会では機械化による疑似体験ものが増加しているが、体験して本物と出会うという機会の獲得も特別活動の特質である。

　体験を通して学ぶという際、失敗から学ぶということも重要である。幼児期に歩行ができるようになったのは、何度も転びながら練習したからであるし、二度と同じミスをしないように振る舞うことが学習効果につながるからである。

　しかし、教師がミスや失敗を回避するように先取りして指示を出してしまうと

「指示待ち族」が増えてしまう。学校行事等でも形としての「成功」を求めるために、このような指導がなされてはいないだろうか。教師の側にも現実的な時間との兼ね合いで「効率よく」ということがあって、ミスは可哀相^{（かわいそう）}という気持ちがはたらくのだろう。そうなると、失敗しながらもやり遂げようとしている児童生徒を、目の前にいる教師が待てるかどうかが重要になってくる。筆者はこれを「待ちの教育」と呼んで自らの指導の指針にしていたが、実際には手を出してしまうことも多く何度も失敗した経験がある。

6. 教育課程編成上の時間配当

　小学校の特別活動の内容は、学級活動、児童会活動、クラブ活動、学校行事の4つ、中学校の特別活動の内容は、学級活動、生徒会活動、学校行事の3つ、高等学校はホームルーム活動、生徒会活動、学校行事の3つである。各々の詳細については次節で取り上げることにする。

　教科や特別活動等の各教育活動にあてる配当時間数については、学校教育法施行規則等に定められた時間数を配当することになっている。特別活動の場合は、どのようになっているだろうか。

　まず、学級活動・ホームルーム活動は年間35時間（小学校1年生は34時間）と定められており、年間の授業時数が35週で考えられていることから、週1時間相当ということになる。ここでいう1時間とは1コマ小学校45分、中学校・高等学校50分の換算である。この活動は、学校生活の基本的な生活上のガイダンスや学級集団の運営にかかわることを扱うなど、日常の学校生活のなかで重要な位置を占めるため、明確に時間数が定められている。

　次に、生徒会活動、クラブ活動、学校行事については適切な時間を配当するということになっており、特に時間数について法律等で定められているわけでない。したがって各学校ごとに教育目標や教育計画と照らし合わせながら適切に割り当てることになっている。

7. 教育基本法、学校教育法の改正と特別活動

　小学校、中学校の学習指導要領は、2006（平成18）年の教育基本法改正、2007（平成19）年の学校教育法改正の内容をふまえて内容が吟味されている。このうち、特別活動に関わる部分について確認してみよう。

　教育基本法（2006（平成18）年改正）の第2条には、教育の目標が掲げられている。「教育は、その目的を実現するため、学問の自由を尊重しつつ、次に掲げる目標を達成するよう行われるものとする。

一　幅広い知識と教養を身に付け、真理を求める態度を養い、豊かな情操と道徳心を培うとともに、健やかな身体を養うこと。

二　個人の価値を尊重して、その能力を伸ばし、創造性を培い、自主及び自律の精神を養うとともに、職業及び生活との関連を重視し、勤労を重んずる態度を養うこと。

三　正義と責任、男女の平等、自他の敬愛と協力を重んずるとともに、公共の精神に基づき、主体的に社会の形成に参画し、その発展に寄与する態度を養うこと。

四　生命を尊び、自然を大切にし、環境の保全に寄与する態度を養うこと。

五　伝統と文化を尊重し、それらをはぐくんできた我が国と郷土を愛するとともに、他国を尊重し、国際社会の平和と発展に寄与する態度を養うこと。」

　これを見ると、いずれも特別活動で扱う項目といえるが、特に二の「自主及び自律の精神を養う」ことと、三の「主体的に社会の形成に参画」することは、教育課程のなかで特別活動が中心的に担う内容であるといっていいだろう。

　次に、教育基本法を受けて成立した学校教育法（2007（平成19）年改正）の第21条には、義務教育の目標が掲げられている。このうち特別活動に関係が深い項目を挙げてみる。

「一　学校内外における社会的活動を促進し、自主、自律及び協同の精神、規範意識、公正な判断力並びに公共の精神に基づき主体的に社会の形成に参画し、その発展に寄与する態度を養うこと。

　二　学校内外における自然体験活動を促進し、生命及び自然を尊重する精神並びに環境の保全に寄与する態度を養うこと。

　（中略）

　十　職業についての基礎的な知識と技能、勤労を重んずる態度及び個性に応じて将来の進路を選択する能力を養うこと。」

　以上の3つである。この「一」は教育基本法第2条の「三」を受けていることがわかる。この中で「規範意識」や「公共の精神」は、2つの法律及び学習指導要領のキーワードでもあり、現代的課題としてしっかり根付かせる必要がある理念である。

　「二」については、体験活動重視の方針から条文化されており、特別活動では学校行事の（4）旅行（遠足）・集団宿泊的行事での取り組みが期待されるところである。また、

「三」は、キャリア教育重視の方針から条文化されており、特別活動では学校行事の (5) 勤労生産・奉仕的行事として「職場体験活動」が明記されていることに対応している。

　教員を目指す諸君は、教育改革の内容を押さえつつ、条文の内容がどのように学習指導要領に反映されているのかを把握しておくとよいだろう。

第2節 特別活動の目標と各活動・学校行事

　特別活動の目標と各活動・学校行事について、2017、2018（平成29、30）年告示の学習指導要領に沿って示す。

1. 総則

　学校教育の基本となる理念は、小学校、中学校、高等学校の学習指導要領においては第1章総則に示されている。総則の冒頭には「児童生徒（小学校では児童：以下同じ）の人間として調和のとれた育成」を目指すことが説かれ、関係する法令の掲げる目標を達成するよう教育を行うことが求められている。

　また、各学校においては主体的・対話的で深い学びの実現に向けた授業改善を通して、創意工夫を生かした特色ある教育活動を展開する中で児童生徒に生きる力を育むことを目指し、基礎的・基本的な知識及び技能を確実に習得させ、これらを活用して課題を解決するために必要な思考力、判断力、表現力その他の能力を育むとともに、主体的に学習に取り組む態度を養うとともに、個性を生かし多様な人々との協働を促す教育の充実に努めることとされている。その際には、発達段階を考慮して、児童生徒の言語活動を充実するとともに、家庭との連携を図りながら、児童生徒の学習習慣が確立するよう配慮しなければならないとされており、これらの指針から特別活動の目標と内容も導かれることになる。

2. 特別活動の目標

　中学校学習指導要領における特別活動の目標は次のとおりである。

　「集団や社会の形成者としての見方・考え方を働かせ、様々な集団活動に自主的、実践的に取り組み、互いのよさや可能性を発揮しながら集団や自己の生活上の課題を解決することを通して、次のとおり資質・能力を育成することを目指す。

(1) 多様な他者と協働する様々な集団活動の意義や活動を行う上で必要となることにつ

いて理解し、行動の仕方を身に付けるようにする。

(2) 集団や自己の生活、人間関係の課題を見いだし、解決するために話し合い、合意形成を図ったり、意思決定したりすることができるようにする。

(3) 自主的、実践的な集団活動を通して身に付けたことを生かして、集団や社会における生活及び人間関係をよりよく形成するとともに、人間としての生き方についての考えを深め、自己実現を図ろうとする態度を養う。」

　今回の改訂においては、知・徳・体にわたる「生きる力」を子どもたちに育むために「何のために学ぶのか」との学ぶ意義を共有しながら、授業の創意工夫や教科書等の教材の改善を引き出していくことができるようにするため、全ての教科等の目標及び内容が「知識及び技能」、「思考力、判断力、表現力等」、「学びに向かう力、人間性等」の三つの柱で再整理されることとなり、特別活動では上記の内容が示された。

　このうち「様々な集団活動に自主的、実践的に取り組み、互いのよさや可能性を発揮しながら集団や自己の生活上の課題を解決することを通して」という部分は、従来の目標における「望ましい集団活動を通して」の文言をより具体的に記述したものである。

　小学校学習指導要領では (3) の「人間としての生き方についての考えを深め」が「自己の生き方についての考えを深め」となっている。また、高等学校学習指導要領では、(3) の「集団や社会における生活及び人間関係をよりよく形成するとともに、人間としての生き方についての考えを深め」が「主体的に集団や社会に参画し、生活及び人間関係をよりよく形成するとともに、人間としての在り方生き方についての自覚を深め」とあり、中学時代よりも深化した人間観の獲得が求められている。平成20、21年の改訂から加えられた「人間関係」については、より詳細な目標が示されることとなり、望ましい人間関係を築く力の獲得が、引き続き重要課題であることが示されている。

3. 目標の構成要素

　上記の「目標」は、「人間関係形成」、「社会参画」、「自己実現」の三つの要素によって構成されている。それらについての考え方は次のようなものである。

①「人間関係形成」

　　人間関係を自主的、実践的によりよいものへと形成する人間関係形成に必要な資質・能力は、集団における課題の発見・実践・振り返りなど、特別活動の学習過程全体を通して、個人と個人あるいは個人と集団という関係性の中で育まれる。

　　その際は、各人の属性、考え方や関心、意見の違い等を理解した上で認め合い、

互いのよさを生かすような関係をつくることが大切である。

② 「社会参画」

　集団や社会に参画して様々な問題を主体的に解決しようとする「社会参画」のために必要な資質・能力は、集団の中において、自発的・自治的な活動を通して個人が集団へ関与する中で育まれる。児童生徒が学校内の様々な集団における活動に関わることが地域や社会に対する参画、持続可能な社会の担い手となっていくことにもつながっていく。

③ 「自己実現」

　特別活動における「自己実現」は、集団の中で現在及び将来の自己の生活の課題を発見しよりよく改善しようとするものであり、自己の理解を深め、自己のよさや可能性を生かす力、自己の在り方生き方を考え設計する力などがそれに必要な資質・能力とされる。それらは集団の中に共通する現在及び将来に関わる課題を考察する中で育まれる。

4. 各活動・学校行事について

　特別活動の目標を達成するために、学習指導要領では小学校では4つ、中学・高等学校では3つの活動・学校行事が示されている。小学校では学級活動、児童会活動、クラブ活動、学校行事、中学校では学級活動、生徒会活動、学校行事、高等学校ではホームルーム活動、生徒会活動、学校行事である。

① 学級活動（小学校・中学校）・ホームルーム活動（高等学校）

【小学校】

　「学級や学校での生活をよりよくするための課題を見いだし、解決するために話し合い、合意形成し、役割を分担して協力して実践したり、学級での話合いを生かして自己の課題の解決及び将来の生き方を描くために意思決定して実践したりすることに、自主的、実践的に取り組むことを通して、第1の目標に掲げる資質・能力を育成することを目指す。」この目標の達成にむけて、全ての学年でそれぞれの活動の意義及び活動を行う上で必要となることについて児童が理解し、主体的に考えて実践できるよう指導する内容として、「(1) 学級や学校における生活づくりへの参画」に関しては、「学級や学校における生活上の諸問題の解決」、「学級内の組織づくりや役割の自覚」、「学校における多様な集団の生活の向上」の3項目が、「(2) 日常の生活や学習への適応と自己の成長及び健康安全」に関しては、「基本的な生

活習慣の形成」「よりよい人間関係の形成」「心身ともに健康で安全な生活態度の形成」「食育の観点を踏まえた学校給食と望ましい食習慣の形成」の４項目が、「(3) 一人一人のキャリア形成と自己実現」に関しては、「現在や将来に希望や目標をもって生きる意欲や態度の形成」「社会参画意識の醸成や働くことの意義の理解」「主体的な学習態度の形成と学校図書館等の活用」の３項目が示される。

【中学校・高等学校】

中学校・高等学校の各学習指導要領においては記述の異同はあるが趣旨に相違はないため、以下は中学校を例とし、学級活動の語を用いる。

学級活動の目標は「学級や学校での生活をよりよくするための課題を見いだし、解決するために話し合い、合意形成し、役割を分担して協力して実践したり、学級での話合いを生かして自己の課題の解決及び将来の生き方を描くために意思決定して実践したりすることに、自主的、実践的に取り組むことを通して、第１の目標に掲げる資質・能力を育成することを目指す。」ことである。ここでいう「学級や学校での生活をよりよくするための課題」とは、学級や学校での生活上の諸問題を生徒が自ら発見し、全員で解決すべきものを指し、「自己の課題」とは、生徒一人一人が自らの学習や生活の目標を決めて、その実現に向けて取り組めるものを、それぞれ指している。

学級活動の内容として、「(目標に掲げる) 資質・能力を育成するため、全ての学年において、次の各活動を通して、それぞれの活動の意義及び活動を行う上で必要となることについて理解し、主体的に考えて実践できるよう指導する。」とあり、それらの活動について、「(1) 学級や学校における生活づくりへの参画」に関しては「学級や学校における生活上の諸問題の解決」、「学級内の組織づくりや役割の自覚」、「学校における多様な集団の生活の向上」が、「(2) 日常の生活や学習への適応と自己の成長及び健康安全」に関しては、「自他の個性の理解と尊重、よりよい人間関係の形成」、「男女相互の理解と協力」、「思春期の不安や悩みの解決、性的な発達への対応」、「心身ともに健康で安全な生活態度や習慣の形成」、「食育の観点を踏まえた学校給食と望ましい食習慣の形成」が、「(3) 一人一人のキャリア形成と自己実現」に関しては「社会生活、職業生活との接続を踏まえた主体的な学習態度の形成と学校図書館等の活用」、「社会参画意識の醸成や勤労観・職業観の形成」、「主体的な進路の選択と将来設計」が示されている。

なお、高等学校について、「(1) ホームルームや学校における生活づくりへの参

画」は同内容だが、「(2) 日常の生活や学習への適応と自己の成長及び健康安全」が「自他の個性の理解と尊重、よりよい人間関係の形成」、「男女相互の理解と協力」、「国際理解と国際交流の推進」、「青年期の悩みや課題とその解決」、「生命の尊重と心身ともに健康で安全な生活態度や規律ある習慣の確立」、「(3) 一人一人のキャリア形成と自己実現」については「学校生活と社会的・職業的自立の意義の理解」、「主体的な学習態度の確立と学校図書館等の活用」、「社会参画意識の醸成や勤労観・職業観の形成」、「主体的な進路の選択決定と将来設計」となっており、高校生の発達段階に合致した内容となっている。

②児童会活動（小学校）・生徒会活動（中学校・高等学校）

【小学校】

　小学校の児童会活動は「異年齢の児童同士で協力し、学校生活の充実と向上を図るための諸問題の解決に向けて、計画を立て役割を分担し、協力して運営することに自主的、実践的に取り組むことを通して、第1の目標に掲げる資質・能力を育成する」ことを目標に行われる。その内容として、「学校の全児童をもって組織する児童会において、次の各活動を通して、それぞれの活動の意義及び活動を行う上で必要となることについて理解し、主体的に考えて実践できるよう指導する」ことが示されるが、これはさらに (1) 児童会の組織づくりと児童会活動の計画や運営、(2) 異年齢集団による交流、(3) 学校行事への協力、の各項目に分けられる。

　また、児童会の計画や運営は主として高学年の児童が行うことや、学校の全児童が主体的に活動に参加できるものとなるよう配慮することが示されている。

【中学校・高等学校】

　中学校および高等学校の生徒会活動は、「異年齢の生徒同士で協力し、学校生活の充実と向上を図るための諸問題の解決に向けて、計画を立て役割を分担し、協力して運営することに自主的、実践的に取り組むことを通して、第1の目標に掲げる資質・能力を育成する」ことを目標に行われる。その内容として、「学校の全生徒をもって組織する生徒会において、次の各活動を通して、それぞれの活動の意義及び活動を行う上で必要となることについて理解し、主体的に考えて実践できるよう指導する」ことが示されるが、これはさらに (1) 生徒会の組織づくりと生徒会活動の計画や運営、(2) 学校行事への協力、(3) ボランティア活動などの社会参画、の各項目に分けられる。

　このように生徒会活動は、全生徒を会員とする組織において、自身の学校生活を

充実・発展・改善・向上させるために自発的・自治的に行う活動なのである。

　しかしながら生徒会活動は自治の中心となっている執行部の活動をさすという解釈も成立し、そのようにとらえる生徒もまた少なくない。その点をふまえて教員の適切な指導のもとで生徒が主体的に運営できるように、委員会活動をも含めて自治の有意義な点を感得させる配慮がなされる必要がある。

③クラブ活動（小学校のみ）

　クラブ活動は小学校のみに存在する特別活動であり、その目標は、「異年齢の児童同士で協力し、共通の興味・関心を追求する集団活動の計画を立てて運営することに自主的、実践的に取り組むことを通して、個性の伸長を図りながら、第 1 の目標に掲げる資質・能力を育成することを目指す。」ことである。小学校学習指導要領においては児童会活動と学校行事の間に記載される。その内容として、「主として第 4 学年以上の同好の児童をもって組織するクラブにおいて、次の各活動を通して、それぞれの活動の意義及び活動を行う上で必要となることについて理解し、主体的に考えて実践できるよう指導する」ことが示されるが、これはさらに（1）クラブの組織づくりとクラブ活動の計画や運営、（2）クラブを楽しむ活動、（3）クラブの成果の発表、の各項目に分けられる。

　このように、学年やクラスの枠によらない異年齢集団が共通の興味・関心を追求する活動を通して、楽しい学校生活やよりよい人間関係を築く力の育成を目指す活動である。

④学校行事

　学校行事は「全校又は学年の生徒で協力し、よりよい学校生活を築くための体験的な活動を通して、集団への所属感や連帯感を深め、公共の精神を養いながら、第 1 の目標に掲げる資質・能力を育成すること」を目標に行われる。その内容として、「全ての学年において、全校又は学年を単位として、次の各行事において、学校生活に秩序と変化を与え、学校生活の充実と発展に資する体験的な活動を行うことを通して、それぞれの学校行事の意義及び活動を行う上で必要となることについて理解し、主体的に考えて実践できるよう指導する」ことが示されるが、これはさらに（1）儀式的行事、（2）文化的行事、（3）健康安全・体育的行事（4）旅行・集団宿泊的行事（小学校は「遠足・集団宿泊的行事」）、（5）勤労生産・奉仕的行事、の各項目に分けられる。

（1）儀式的行事

　「学校生活に有意義な変化や折り目を付け、厳粛で清新な気分を味わい、新しい生活の展開への動機付けとなるような活動を行うこと」

　　入学（卒業）式、始業（終業）式などがその例で、集団や社会の成員としての所属感や連帯感の育成を通じてよりよい仲間意識をもつきっかけとなる活動である。

（2）文化的行事

　「平素の学習活動の成果を発表し（高：「総合的に生かし」）、その向上の意欲を一層高めたり、文化や芸術に親しんだりするような活動を行うこと」

　　日ごろの学習成果を総合的に発展・発表・鑑賞する行事には学芸会、合唱祭などがあり、児童生徒の手によらない作品や催し物を鑑賞する行事としては映画鑑賞会、地域の伝統文化鑑賞会などが挙げられる。児童生徒の自発的な創意工夫を引き出しながら活動を展開させることにより、とくに教師と児童生徒、児童生徒同士の信頼関係の発展をはかることができる活動といえる。

（3）健康安全・体育的行事

　「心身の健全な発達や健康の保持増進などについての関心を高め（理解を深め）、安全な行動や規律ある集団行動の体得、運動に親しむ態度の育成、責任感や連帯感の涵養、体力の向上などに資するような活動を行うこと」

　　運動会、避難訓練、健康診断などがその例で、生命および心身の健康の尊さやその維持発展についての能力を養うものである。

（4）旅行（小学校は遠足）・集団宿泊的行事

　「（小学校：「自然の中での集団宿泊活動などの」）平素と異なる生活環境にあって、見聞を広め、自然や文化などに親しむとともに、（小学校：「人間関係などの」）集団生活の在り方や公衆道徳などについての望ましい体験を積むことができるような活動を行うこと」

　　遠足、修学旅行、臨海学校など、主として学校外における活動であり、自立的・自主的に集団とかかわり、自然や文化と親しむ体験の場としても重要である。

（5）勤労生産・奉仕的行事

　「勤労の尊さや〔小学校：「生産」、中高：「創造すること」〕の喜びを体得するとともに、（中：「職場体験などの職業や進路にかかわる啓発的な」、高：「就業体験などの職業観の形成や進路の選択決定などに資する」体験が得られるようにするとともに、共に助け合って生きることの喜びを体得し、）ボランティア活動などの社会

奉仕の精神を養う体験が得られるような活動を行うこと」

　職場見学、全校美化活動、地域への協力・奉仕活動など、将来の社会人として必要な勤労観や職業観、また社会奉仕の精神を養うものである。

第3節　特別活動の現代的意義

　児童生徒の学びを促進・支援する際には、「陶冶」の概念を押さえておく必要がある。「陶冶」とは、その児童生徒の有する才能や性質を練り、作り上げることであり、教育を受けることで変容する可能性を陶冶性という。その「陶冶」には、形式陶冶と実質陶冶がある。前者は、学習内容そのものよりも、形式的な側面、たとえば記憶力、推理力、判断力、創造力などの精神的諸能力の伸長を重視するものである。後者は、学習内容そのもの、つまり、実質的・具体的な知識・技能を重視するものである。今日では、両者の間に客観的な境界線はなく、不可分の関係にあるという認識のもと、統合の方向へと進んでいる。

　特別活動は、この2つの「陶冶」の橋渡し役を担い、融合する機能を持っている。児童生徒の情操的側面と知的側面の成長・発達をバランスよく促すために特別活動が有している意義は看過できない。

1．学校教育の潤滑油としての役割

①児童生徒間の潤滑油

　特別活動は、各教科や総合的な学習（探究）の時間と比較すると、時間数的には決して多くない。だからこそ、その活動は綿密な計画の下で練り上げ、有意義なものにする必要がある。というのも、特別活動には、児童生徒同士の円滑な人間関係形成を促す効果があるからである。

　教科などを離れた時間、それは教師の評価（教科のように点数化して評定できる評価）を気にすることなく活動できる時間である。その時間では、児童生徒は飾らない"素"の自分を出しやすく、教科などでは見ることのできない仲間の意外な一面を見ることが可能である。普段見せることない、あるいは見ることのない側面を相互に共有することで心理的な親近感が生まれ、物理的な親近感の醸成にもつながる。そうした状況下では、コミュニケーションが取りやすく、お互いの意見交換も比較的容易にでき、充実した言語活動が可能になるとともに児童生徒同士の人間関

係の形成も円滑に進むのである。

②**教師間の潤滑油**

　異動によって勤務校が変われば、新学期早々などは特に、教師も落ち着かないものである。職員室の中だけのかかわりでは時間的限界もあり、本音を出して話すことが難しい場合がある。そんな時に、学校全体として、あるいは学年として学校行事などに取り組み、1つのことを成し遂げ、一体感を感じることは、その学校への所属意識の獲得および向上につながる。その過程では、教師同士の会話の機会が普段以上にあり、お互いをより深く理解することができる。教育観の相違などから教師間に軋轢があった場合には、相互理解を深める機会にもなる。

③**児童生徒と教師間の潤滑油**

　今日の学校教育を鑑(かんが)みると、どうしても教科中心の教育で、児童生徒も教師も成績や進学などを意識せざるを得ない状況がある。特別活動では、教科の時間では見ることのできない相互の姿を見ることが可能であり、教師にしてみれば、児童生徒が普段は見せない長所・短所や表情をみることができる。それは、一人の児童生徒に関して抱いていた教師の固定観念を打破する契機になり、その後の教育活動全体に広がりと深みをもたらすことにもなる。他方、児童生徒にしてみれば、一人の人間としての教師にかかわる機会になり、教師の価値観や教育観、人間性に触れることができる。その体験は、教師との信頼関係を築くことにつながり、学校生活を営む上での支えにもなるのである。

④**教科間の潤滑油**

　各教科の学習効果を高めるには児童生徒と教師の人間関係がうまく形成されていることが前提となるが、教科間でも，特別活動での体験が教科などの机上の理論に魂を吹き込むことになり、類似した学習内容をスムーズに接続する役割がある。特に、総合的な学習（探究）の時間とのかかわりでは、2017（平成29）年告示の中学校学習指導要領「第4章　総合的な学習の時間」における内容の取扱いについての配慮事項に次の記述がある。

　　(4)　自然体験や職場体験活動、ボランティア活動などの社会体験、ものづくり、生産活動などの体験活動、観察・実験、見学や調査、発表や討論などの学習活動を積極的に取り入れること。

　　(6)　グループ学習や異年齢集団による学習などの多様な学習形態、地域の人々の協力も得つつ、全教師が一体となって指導に当たるなどの指導体制について

工夫を行うこと。

　これらは、特別活動での体験にもとづく学習効果があってこそ有効に機能するものである。その意味で、人間関係のみならず、教科間の学習内容を円滑につなげる役割を特別活動は担っているのである。

2.　社会性を育む

　"学校は現代社会の縮図である"という言葉を耳にすることがある。学校は、意図的・制度的に設けられた場であるが、児童生徒が主役であることは確かである。その中で、児童生徒に対して、特別活動を通して涵養する資質・能力の一つに社会性がある。

　小学校学習指導要領解説特別活動編（2017）では、特別活動における評価に関して、「自ら学び自ら考える力や、自らを律しつつ他人とともに協調できる豊かな人間性や社会性など生きる力を育成するという視点から評価を進めていく」ことが示されている。つまり、社会性は、個々人が独力で身につけるものではなく、集団活動を通して、他者とかかわりを持つ過程で初めて育まれるものであるといえる。

　特別活動は、その目標に「集団や社会の形成者としての見方・考え方を働かせ、様々な集団活動に自主的、実践的に取り組み、互いのよさや可能性を発揮しながら集団や自己の生活上の課題を解決すること」（中学校学習指導要領）とあり、その達成のために、学級活動・ホームルーム活動、児童会活動・生徒会活動、学校行事のいずれの内容も集団活動がベースとなっている。現在の若者について，集団活動が苦手で他者とうまく折り合いをつけることができない、あるいは，相手の精神的・肉体的苦痛がわからないために平気で相手を傷つけてしまうなどの声を聞くことが多々ある。現代社会で生活していく上では、他者とかかわらないで生きていくことは不可能であり、個人として自立（律）していることが大切である。今の若者は、自立（律）しようとしない・できていない、いわば"辞立（律）"している状態であるといえる。集団に自分という個が埋没することなく、個を活かしつつ、集団としての凝集性も高めることが求められる今日、特別活動は、その基盤となる力を涵養することができるのである。

　また、集団活動でなければ体験することのできないこともある。集団で同一目標に向かって邁進し、それを達成する成就感は、個人では決して得られるものではない。たとえ目標が達成できなくても、達成に向けて活動したプロセスは何物にも代え難いものである。高等学校を卒業したら、学級・クラス規模の集団で目標達成のために活動する、同一体験を共有する機会は稀であろう。その意味でも、特別活動においてこの種の体験

をすることは、社会性をはぐくむ上で非常に有用である。

　社会性に類似した概念に社会力がある。門脇氏は、社会力を「社会を作り、作った社会を運営しつつ、その社会を絶えず作り変えていくために必要な資質や能力」^(注)と定義し、その下地として、他者を認識する能力と他者への共感能力・感情移入能力の2つを挙げている。その前提には、現代社会の状況を的確にとらえ、正しい知識・理解のもと、何が問題であるのかを把握することがある。その上で、今後は社会性の涵養とともに、社会力の育成も見据えて特別活動を推進していくことが必要になるであろう。

3. 生涯学習社会を生き抜く基礎を培う

　特別活動の体験は、学校教育全体に潤いを持たせ、学校生活を充実させる効果があることは既述の通りである。それは、学校教育にとどまらず、社会生活を営む上でも不可欠である。とりわけ、生涯学習社会と称される現代社会を生き抜くために、特別活動でその基礎を培うことが重要である。加速化する情報社会、高齢社会、国際社会、知識基盤社会においては、学校教育で獲得した知識・技能だけでその後の人生を過ごすことは困難であり、常に知識・技能をリフレッシュしなければ適応できない。学校教育を修了した後、いつでも、どこでも、だれでも、様々な学習方法で必要な学習内容を学ぶこと（＝生涯学習）ができる社会、生涯学習社会に我々は生きているのである。

　特別活動は、教科の学習と異なり、正解・不正解が明確に提示できるものではない。その時間、場所、状況などによって求められる対応は違うため、柔軟な判断力と適応力が必要になる。そうした力は、教師はもちろん児童生徒にも求められる。この力の蓄積は、ステレオタイプの人間から、創造性豊かなタイプの人間へと変わっていく原動力になる。この力を育成する中核となるのが特別活動なのである。

　また、特別活動は、学校内における活動はもちろんのこと、その活動の場が地域社会に広がることが多い。地域社会での活動、地域の人々との触れ合いから、児童生徒は学校だけでは学べない・気づけないことを獲得することができる。これは、学習の場として地域社会を認識し、また、生涯を通して学び続ける必要性を感じさせることに有効である。教師にとっては、学校教育と社会教育の在り方を見直す契機にもなる。両者が連携して教育を進める「学社連携」から、それをさらに進めた「学社融合」の推進が求められている。教師自身も、学習は学校だけであるという偏狭な教育観から脱却し、生涯学習の観点から教育をとらえ直す必要があり、特別活動がその機会を提供し得るのである。

4．参画力を伸ばす

　参加型学習という学習方法があるが、特別活動は、児童生徒が主体となって集団活動を展開するため、あらゆる場面に児童生徒が参加している。ただ、参加と一言で表現しても、その程度は様々であり、林氏は、参加を参集・参与・参画の三段階に分けてとらえている。参集とは、児童生徒がその場に居合わせているだけで、児童生徒同士、児童生徒と教師との交流はなく、情報の流れは一方向である。参与は、児童生徒同士が、グループ学習などを通して部分的・限定的ではあるが、その場に能動的にかかわることである。参画は、児童生徒が学習の場を自ら企画し、実施し、伝承していく活動に直接加わることである。

　特別活動における児童生徒の参加というと、参集・参与の段階までは比較的容易に到達するが、参画の段階となると難しい。教師がかかわった方が無駄なくスムーズに活動の計画・実施・評価ができる、児童生徒が参画すると教師がやるよりも手間・暇がかかり非効率的であるといったことがその理由として挙げられるであろう。しかし、裏を返せば、そうした活動に児童生徒が参画し、成し遂げたら、それだけ学びや気づきは大きく、獲得する学習効果や自信は計り知れない。学級活動・ホームルーム活動、児童会活動・生徒会活動、学校行事、いずれの活動にも児童生徒が参画する余地が十分にある。前年度踏襲の型通りの活動をしていれば、大過なく活動を展開して、滞りなく終了させることは容易であろう。そこを一歩踏み出して、児童生徒の参画力の伸長を図ることができる特別活動を模索する必要がある。

　遊びを考察する際に、三間（時間・空間・仲間）の概念が用いられることがある。特別活動における三間は、学校教育制度下で意図的に設けられた三間であるが、三間それぞれが有する意義は、教育課程の他の領域とは異なる。教科などの日課から離れて過ごす時間、学校内にとどまらず地域社会にまで広がる活動空間、同年齢・異年齢の仲間との交流はもちろん、障害児（者）や高齢者といった仲間とのかかわりも生まれる、そのような三間が特別活動には潜んでいる。この特別活動独自の三間の有効活用が、辞立（律）している児童生徒の自立（律）のために、また、特別活動の教育的意義に現実味を帯びさせるためにも不可欠であるといえる。

引用文献

　（注）門脇厚司著『子どもの社会力』岩波新書、1999、p. 61

参考文献

　林義樹著『改訂　キーワードで拓く新しい特別活動』東洋館出版社、2010、pp. 30-33

~~*~*~*~*

第2章

~~*~*~*~*

各　論

~~*~*~*~*

第1節 学級活動・ホームルーム活動

　学級・ホームルームは、児童生徒にとって物理的・空間的な居場所であると同時に心理的な居場所でもあり、学校における自己表現の場の中心である。そこに行けば、自分の席という目に見える居場所があり、学級やクラスの仲間がいて、そこでの相互の関わり合いの中で自分を表現し、その存在が確認できる。児童生徒の精神的・情緒的安定を確保し、学習にスムーズに移行できる準備の場として、学級・ホームルームが存在する。そうした学級・ホームルームでの活動時間は、学校教育法施行規則の中で、「特別活動の授業時数」として、小学校は第2学年から第6学年まで、中学校・高等学校は第1学年から第3学年まで各々年間35時間（小学校第1学年は34時間）となっており、「特別活動の授業時数は、（中略）学習指導要領で定める学級活動（学校給食に係るものを除く。）に充てるものとする。」と記されている（高等学校におけるホームルーム活動についても準用）。すなわち、35時間という授業時数は、学級活動・ホームルーム活動が基盤であり、それは特別活動の核になるもので、その存在意義は極めて大きい。

1. 学級活動・ホームルーム活動の目標と内容

①目標

　2017（平成29）年告示の学習指導要領において、学級活動の目標に関して、「学級や学校での生活をよりよくするための課題を見いだし、解決するために話し合い、合意形成し、役割を分担して協力して実践したり、学級での話し合いを生かして自己の課題の解決及び将来の生き方を描くために意思決定して実践したりすることに、自主的、実践的に取り組むことを通して」諸資質・能力を育成することを目指すとされている。小学校、中学校、高等学校（2018（平成30）年告示）ともに同一の目標である。なお、高等学校では「学級」が「ホームルーム」の表記である（以下同様）。

　特別活動全体の目標を受けて、学級での話し合いに自主的、実践的に取り組むことに主眼が置かれている。その自主的、実践的な話し合いは、2つの側面からとらえることができる。第1は、児童生徒の学級・学校生活への適応・改善にかかわる側面である。現状としてある学級・学校生活に馴染み、その"水"に慣れ親しみながら、生活向上を志向しようとする活動である。その際、話し合いを通して合意形成を図り、合意を得た事柄を具現化するために、集団の構成員がそれぞれの役割を果たすことの重要性が示されている。これは、社会力の基礎を育む活動と換言でき、

学級という同年齢集団を基盤としながら培う人間関係が肝要になる。第2は、学級における話し合い活動を通して得た気づきや学びを、自分自身の課題解決やキャリア形成に活かすように促す側面である。個人として抱いている課題意識に対して自己完結的に回答を出すのではなく、学級における集団活動の成果を活かして、理解を実践につなげることが求められる。そうした過程を経て、学級・学校の中でだけ通じる生活態度・行動様式ではなく、学校を離れて社会の一員として生活を営むために必要な態度・実践力を育成することが望まれる。

②**内容**

　小学校、中学校、高等学校とも、すべての学年において、学級活動・ホームルーム活動の「それぞれの活動の意義及び活動を行う上で必要となることについて理解し、主体的に考えて実践できるよう指導する」と明示されている。

　内容は大きく、(1) 学級や学校における生活づくりへの参画（小学校3項目、中学校3項目、高等学校3項目）、(2) 日常の生活や学習への適応と自己の成長及び健康安全」（小学校4項目、中学校5項目、高等学校5項目）、「(3) 一人一人のキャリア形成と自己実現」（小学校3項目、中学校3項目、高等学校4項目）、この3つが示されている。

「(1) 学級や学校における生活づくりへの参画」について

　毎週定時的にある学級活動・ホームルーム活動のほかに、朝の会・帰りの会などと称される短い時間の活動がある。時間をかけて取り組む事柄から、日常的に生起する些細なトラブルなど、即座に取り上げ、解決を図る必要がある事柄まで、教師には、いずれの時間を活用するか臨機応変な対応が求められる。また、学級内での係活動・当番活動なども、児童生徒が学級・学校生活を、自主性を持ちながら円滑に進めるために重要であると同時に、教科などの学習活動を効率よく展開させるために欠かせない。その際の活動の在り方として、学級内で完結するものだけではなく、学級内での話し合いにもとづく合意を生徒会活動や学校行事のために発信することが求められる場合もある。そうした活動の時間を確保することが、児童生徒の学級・学校生活の安定を図るためには必要である。

「(2) 日常の生活や学習への適応と自己の成長及び健康安全」について

　児童期や思春期、青年期にある児童生徒の発達課題に関わるものである。自己や他者の個性の理解と尊重、とりわけ男女相互の理解、社会の一員としての自覚と責任を促す活動が挙げられている。そこでは、アイデンティティの確立とともに、集

第2章　各論

団を構成する他者を理解して人間関係を築くことが求められる。また、心身ともに健康で安全な生活態度といった健康管理や災害時の対応を念頭に置いた安全対策、学校給食と望ましい食習慣の形成といった食育や食事マナー、規則正しい食生活のための習慣など、社会人として必要な行動様式を習得し、確立させることも必要となる。

「(3) 一人一人のキャリア形成と自己実現」について

主体的な学習態度の形成や学校図書館の活用などは生涯学習の基礎となる部分である。また、社会参画意識を持つことや職業観・勤労観を形成することは、自分が将来どのように社会とかかわっていくのか、具体的に何ができるのかを考える重要な契機となる。自分自身のキャリア形成に関して、見通し・振り返りを繰り返しながら熟考することが求められる。その上で、具体的な進路を考えていくことが望ましい。キャリア意識の醸成が適切になされていれば、進路選択や将来設計に対して自ずと主体的に向き合うことができるであろう。

2. 指導計画の作成と内容の取扱い

①それぞれの内容の取扱いについて

中学校・高等学校では、「(1) 学級や学校における生活づくりへの参画」の指導に関して、話し合い活動による合意形成について、小学校・中学校での蓄積・経験を基盤に発展させる工夫が求められている。

小学校・中学校・高等学校では、「(3) 一人一人のキャリア形成と自己実現」の指導に関して、学校・家庭・地域での学習・生活の見通し・振り返りから新たな学習意欲を喚起するために、「活動を記録し蓄積する教材等を活用すること。」とされている。

②3つの内容の取扱いに共通した配慮事項

「児童生徒の自発的、自治的な活動が効果的に展開されるようにすること」

教師は、児童生徒主体の活動が円滑に進むように調整・軌道修正し、助言することが必要であるが、児童生徒の自発性・自治性を尊重することを忘れてはならない。児童生徒が自ら考え、課題解決するのが本来の姿であり、そうした活動を通して培われる自発性・自治性は、学校生活のみならず、地域社会での生活にも必ず活きてくる。この自発性・自治性は、現代社会の大人にも欠如しているものであり、学齢期から段階的に涵養することが重要である。なお、小学校では、話し合いや合意形成について2学年ごとに配慮事項が示されており、発達段階を考慮した指導が求められる。

③指導計画の作成に当たって共通した配慮事項

「個々の児童生徒についての理解を深め、教師と生徒、生徒相互の信頼関係を育み、学級経営の充実を図ること。」

教師が児童生徒理解をする上で必要なことは、児童生徒に共感し、全面的に受容することである。時には、教師として教育的見地から苦言を呈したい時もあろうが、まずは、児童生徒をありのままに受け止めることが必要である。その繰り返しが教師の児童生徒理解、児童生徒の教師理解となり、両者の相互理解が信頼関係の形成の一助になる。信頼関係が構築されれば自ずと学級経営の充実にもつながり、「いじめの未然防止等を含めた生徒指導との関連を図る」ことも可能になる。

3. 教師の役割

教師は、学級活動・ホームルーム活動が児童生徒の人間形成の場であり、児童生徒の自発的・自治的な活動の場であることを常に念頭に置く必要がある。例えば、「学級」という文言がつく言葉には、「学級崩壊」、「学級閉鎖」、「学級王国」、「学級会」、「学級通信」、「学級担任」、「学級委員」、「学級風土」などが挙げられる。いずれも教師の人間観・教育観が大きく反映されたものであり、学級は教師の人間観・教育観の鏡、学級活動・ホームルーム活動は教師のあらゆる教育活動の縮図であるといっても過言ではない。この学級活動・ホームルーム活動を進める上で、教師に求められる役割は3つある。

①児童生徒を客観的・全人的に捉えること

教科の学習などで見た児童生徒の一側面をすべてだと考えないことである。どんな人間にも長所・短所、得手・不得手があり、自己表現方法も多種多様である。時間をかけてその児童生徒すべてを捉えようとすることが必要である。児童生徒の何か良い（悪い）一側面が目立つと、他のあらゆる所が実態よりも良く（悪く）見えるという背光効果（ハロー・エフェクト）がある。時には一歩引いた立場から客観的に見ることでそうした効果を除去し、ありのままの児童生徒を受け入れることが可能になる。

②共感的理解を心がけること

児童生徒を全面的に受容し、共感的に理解することが求められる。これは、教師と児童生徒の信頼関係を築く基礎でもあり、円滑な学級活動・ホームルーム活動の運営には不可欠である。そのためには、学級活動・ホームルーム活動や教科の時間だけでは不十分であり、休み時間や放課後、部活動の時間など、児童生徒と関わる

時間を意図的・積極的に設けることが必要である。その際、共感的理解を示すことと児童生徒に迎合することは異なることを自覚し、児童生徒のご機嫌取りではなく、児童生徒理解を深めるため、信頼関係を形成するためであることを忘れてはならない。

③同僚教師および保護者の協力を得ること

　教師は、学級・ホームルーム内の児童生徒のことやそこで起きたトラブル・問題を抱え込んでしまう性向があるが、早期の解決のためには同僚教師や保護者に協力を求めることが大切である。ベテラン教師でも、大なり小なり学級・ホームルーム運営に関して悩み事・心配事を抱えているものである。新任教師や経験の浅い教師ではなおさらである。事態を深刻化させないためにも、また、学習指導要領に「活動の内容によっては他の教師などの協力を得ることとする。」とあるように、教師間での協力・相談体制を整備することが重要である。体制が整い、軌道に乗れば、トラブルなどへの対処に限らず、新しい試みや改革を行おうとする際にも有効に機能するであろう。保護者に対しては、学級通信などを活用して、常に学級・ホームルームの状態を知らせておくことが望ましい。自分の子どもが学校でどんな学習活動をして、どんな成果が出ているのか、今後どういった方向へ進もうとしているのかなど、些細なことでも情報が伝われば、学校や教師への親近感は強くなり、協力しようという気持ちにもなりやすい。それが、一人の保護者から複数の保護者へ、そして地域社会全体へと広がれば、学校だけではなく、地域社会全体で子どもの教育にあたっているという機運を高める効果も期待できる。

　さて、日本では、剣道や柔道、茶道などのように"道"がつくものの修行の過程を、「守・破・離」という三つの段階で捉えることがある。「守」とは、指導者の教えを守り、その行動・価値観をすべて習得できたと感じるまで指導通りにする段階である。「破」とは、教えを守るだけではなく、自分独自に工夫して、教えに適った別の方法を試みる段階である。「離」とは、指導者のもとから離れて、自身で学んだ内容を発展させていく段階である。この繰り返しで、今までの型を越えて、独自性・創造性を駆使した新しい世界を創り出していくのである。学級活動・ホームルーム活動にも、この「守・破・離」があてはまるのではなかろうか。学級・ホームルーム内での人間関係を基軸に、相互理解を深め、物理的・心理的な居場所を確保する（守）。そこでの生活を営む上で出現する課題に対して、創意工夫を重ね、教師の指導を受けながら学級集団として解決する

（破）。そして、学級・ホームルームという制度的な社会から現実社会へと活動の場を移し、学級活動・ホームルーム活動での学習成果を基に、加速度的な変化を続ける社会を、個々の判断に基づき、臨機応変な対応をしながら生き抜いていく（離）。小学校から中学校、高等学校への移行、学年進行を経ながら、この「守」「破」「離」のサイクルを繰り返し、児童生徒の人間形成を図るのが学級活動・ホームルーム活動であるといえる。

第２節　児童会活動・生徒会活動

1. 児童会活動・生徒会活動はどうだった？

　読者の小学校、中学校、高等学校時代、児童会活動・生徒会活動の実態はどうだっただろうか。本書の演習課題にもなっているが、他の学生とぜひ情報交換をしてもらいたい。

　高等学校では、活動はしていても形骸化していたり、一部の生徒のみの活動になっていたりしなかっただろうか。あるいは、ほとんど教師のいうことだけをやっていた学校や、存在そのものが危うい学校もあったのではないだろうか。実際、誰が会長だったか覚えていない、という大学生もいるほどである。特に受験勉強に注力している学校の場合、そのような面倒なことはしないというような風潮がありはしないだろうか。なかには受験実績もありながら、生徒会活動や行事もとても盛んだという学校もあるから一概にはいえない。そのような学校では先輩から後輩へ、伝統的に良い雰囲気が受け継がれ、教師があまり手を差し伸べなくても、上手に運営できるようになっていることが多い。

　児童会活動・生徒会活動は、人々が集団で生活する上で欠くことのできない「人とのかかわり方」や「説得の仕方」や「ルールの作り方」を体得できるきわめて重要な教育活動である。したがって、自分の経験はともかく、教師になった場合に、どのような構えをもって臨んだらよいのか、どのように児童生徒の活動を支援したらよいのか、教師を目指す読者にはそのような視点で捉えてもらいたい。

2. 学習指導要領には（中学校を例に）

　中学校学習指導要領の生徒会活動については、次のように書かれている。

〔生徒会活動〕

1 目標

異年齢の生徒同士で協力し、学校生活の充実と向上を図るための諸問題の解決に向け

て、計画を立て役割を分担し、協力して運営することに自主的、実践的に取り組むこと
を通して、第1の目標に掲げる資質・能力を育成することを目指す。

2 内容

　1の資質・能力を育成するため、学校の全生徒をもって組織する生徒会において、次
の各活動を通して、それぞれの活動の意義及び活動を行う上で必要となることについて
理解し、主体的に考えて実践できるよう指導する。

(1)　生徒会の組織づくりと生徒会活動の計画や運営

　生徒が主体的に組織をつくり、役割を分担し、計画を立て、学校生活の課題を見いだ
し解決するために話し合い、合意形成を図り実践すること。

(2)　学校行事への協力

　学校行事の特質に応じて、生徒会の組織を活用して、計画の一部を担当したり、運営
に主体的に協力したりすること。

(3)　ボランティア活動などの社会参画

　地域や社会の課題を見いだし、具体的な対策を考え、実践し、地域や社会に参画でき
るようにすること。

　まず、全生徒が生徒会組織の構成員であるということを確認しておこう。いわゆる本
部、執行部とよばれる中核の役員だけだと誤解しているかもしれないが、種々の委員会
活動などを含めて、すべての生徒に関係したものである。

　児童会活動・生徒会活動では、児童生徒が各々の役割を担いながら、主体的に考えて
実践できるよう指導し、児童会・生徒会の組織づくり、活動計画の立案と運営、学校行
事への協力、ボランティア活動などの社会参画を行う。

　次に学習指導要領の指導上配慮すべき事項として「指導内容の特質に応じて、教師の
適切な指導の下に、生徒の自発的、自治的な活動が効果的に展開されるようにすること」
（中学校）とある。

　ここで、誤解してはならない点がある。それは、自治であるからといって、全く児童
生徒任せということではないことである。学校の教育活動の一環としての活動であるか
ら、その学校の教育目標と照らし合わせて、教育の機会として捉え指導・助言しなければ
ならない。

　たとえば「学校生活の充実や改善」を取り上げるとしても、そこには限界がある。教

育委員会から指針等が示されているが、学校の管理運営や人事、予算等にかかわること
は除外して考えることになっている。これらをふまえて適切な指導をするということで
ある。

　では、「教師の適切な指導」とは何か。考えておきたい視点は「どこまで関わればよ
いか」ということである。筆者の中学校教諭経験でも、このバランスはなかなか難しか
ったと感じている。手を出しすぎて生徒の成長の機会を奪ってしまったり、逆に任せす
ぎて失敗してしまったり、ということが多々あった。

3. 児童会活動・生徒会活動の教育的意義

　筆者は、児童会活動・生徒会活動を「民主主義の内容と手法を体験・体得・体感する
教育活動」と捉え、成人以前の児童生徒が経験することは極めて重要であると考えてい
る。そこで、児童会活動・生徒会活動を経験することでどのような資質・能力が育つの
かという点を軸にしながら、生徒会活動の教育的意義について述べる。

①話し合いのルールを体得する

　　児童会活動・生徒会活動では、児童生徒たちが話し合いを通して一定の結論を導
き出し、決定するという過程を経験する。したがって、話し合いのルールを習得す
る機会が得られる。少数意見の尊重や、多数決原理の法則、限られた時間での適切
で説得的な意見表明の方法などについて、具体的な事象に即して、体験を通して学
ぶ場となる。また、自分が表現するだけでなく、他者の意見に対して「適切に聞く
力」も身につけることができる。

②自主的・実践的能力を育てる

　　さらに児童会活動・生徒会活動では、話し合って決定すれば終わりではなく、そ
の事項を誠実に実行するという段階がある。自分たちで決めたことを自分たちで実
行し、検証するという一連の体験を通して、自主的・実践的な力を自然に身につけ
ることができる場となる。これは特別活動全体にかかわる重要なスキルでもある。

③課題解決能力を育てる

　　それらの実行段階においては、さまざまな問題や課題が次から次へとやってく
る。順風満帆というわけにはいかない。多様な考えをもつ児童生徒がいるし、なか
にはやる気のない児童生徒がいたりもする。担当の先生にもきちんと説明しなけれ
ばならない。そうした状況を分析し、解決策を模索し、実行することでやり遂げる
プロセスは「人間的な学び」そのものである。このような経験を通して獲得する力

は課題解決能力である。複雑な現代社会にあっては、このような力は企業等でも採用時に社員に求めるものになっているのである。

④人間関係形成能力を育てる

　以上のような意義を総括的に捉えると、児童会活動・生徒会活動の一連の取り組みへの参加・参画は、児童生徒の対人コミュニケーション能力の向上や社会性の育成にもつながるということである。いわば人間関係形成能力の育成である。

　児童会・生徒会活動をおろそかにしている学校では、こうした力を身につけることが少なく、教師からの知識注入型の教育だけを受け、何事にも無批判な大人を生み出すことに加担しているのである。昨今の若者の国政選挙への投票率低下は、政治自体の問題もあるが、一方でこうした経験の不足による民主主義への無理解の増大が大きな要因であると筆者は考えている。こうした状況はまた、都市化や機械化、IT化による現代社会における人間疎外や人々の社会的孤立化とも無関係とは思えない。

4. 児童会活動・生徒会活動の指導・助言のあり方

　ここでは、第2項の最後にふれた「教師のかかわり方」について、いくつかヒントを挙げることにしたい。

①目標をもたせ企画させる

　児童生徒に児童会活動・生徒会活動の趣旨を理解させるとともに、目指すべきゴールを明確にするだけでなく、何をどのようにという「活動の5W1H（Who When Where What Why How）」を把握させることが重要である。年間の活動計画を立てさせるところから綿密に指導したい。これは、活動を参集や参与ではなく参画型にしていくためにも重要な取り組みである。また、特別活動の目標でもある自主的・実践的な態度形成を図る上でも欠かせないプロセスである。これは、児童生徒にとっては、目的意識をもつことにもつながるものである。

②手法を教えながら支援する

　活動の内容や中身のことだけでなく、進めていくための方法についても助言をしなければならない。前項で挙げた話し合いのルール、意見が対立した場合の対処法などを教えることである。これは最初から教えてしまうということではない。むしろ経験させながら適切なタイミングで助言することが肝要である。児童生徒自身が失敗から学ぶということもありうるだろう。

③先輩・後輩の関係から学ばせる

担当教師と当該児童生徒の関係だけで考える必要はない。後輩には先輩から学ぶことを、上級生には下級生を育成することを助言・支援していく方法も必要である。その際、次項のリーダーシップ理論も参考になるだろう。

④達成感を味わわせる

活動の計画、実行、振り返り（Plan Do See）を通して、やってよかったという達成感や充実感を味わうことができるように支援したいものである。そうした気持ちが次へのステップとなり、それが学校の他の教育活動にも波及していけば一石二鳥である。

5. リーダーシップ理論

児童会活動・生徒会活動では、集団のなかで自己を生かしながら、周囲の児童生徒とかかわりをもたせるという場を設けることになる。そのため、その過程でリーダーシップやフォロアーシップについても経験させながら理解してもらうことになる。

ここでは、リーダーシップ理論の基本的なものとして、リーダーシップの類型を示した三隅二不二（社会心理学者）のPM理論を紹介する。

リーダーシップの機能には大別して次の2つがある。

①P機能（Performance機能、課題達成機能）

人間がある集団を構成するとき、その集団には通常固有の目標があり、それに向けて集団の構成員がさまざまな役割を担いながら、協力して達成させようと努力することになる。その課題達成に向けた取り組みの際、達成する方向づけそのものを活性化させようとするはたらき、機能が発揮される。これがリーダーシップの第1の機能である。

具体的には、役割分担をする、時間配分をする、話し合いの司会をする、決定したことを全員に効率よく伝える、目標達成への到達度を常に確認しておく、問題点を把握し、解決策を考えるなどの行動である。

②M機能（Maintenance機能、集団維持機能）

リーダーシップの第2の機能は、課題達成そのものではなく、その集団が集団として維持されるようはたらきかける機能である。具体的には、居心地がよい雰囲気をつくる、発言していない人に発言を促す、発言しすぎている人にストップをかける、重苦しい雰囲気になったときに冗談を言って場を和ませる、精神的に落ち込ん

第2章　各論

でいる人に声をかける、人間関係を調整するなどの行動である。

③2つの機能のバランス

　上記の機能は、集団が一定の成果をあげるためにはどちらも必要である。P機能だけであると課題は達成できてもメンバー間の関係が悪くなることもあるだろうし、M機能だけであると集団は楽しいけれども課題は達成されないということもありうる。読者が今まで所属してきた、あるいは今所属している集団はどうだろうか。両方の機能をもったリーダーがいれば強力であるが、ワンマンになりやすい面もあるから注意が必要である。リーダーがP機能で、サブリーダーがM機能を発揮しているというケースや、その逆のケースもあるだろう。いずれにせよ、2つの機能のバランスがうまくとれていると集団は活性化される。

　こうした理論も参考にしながら児童生徒集団の支援をするとよいだろう。そのためには、児童生徒集団内の人間関係や、個々の資質・能力について把握しながら進めることが求められるのである。

第3節 クラブ活動

　一般に混同されることの多いクラブ活動と部活動であるが、それらは別のものであり、その違いは学習指導要領に明らかである。

　クラブ活動は、小学校教育において正課として位置づけられ、時間割に適切な授業時数が組み込まれてすべての児童が参加する、いわゆる必修クラブの活動を指すものである。それは主として第4学年以上の児童で組織され、学年や学級が異なる同好の児童の集団によって行われる活動である。

　部活動は、おもに中学校および高等学校において放課後に行われる、参加が生徒の判断に委ねられる教育課程外の活動を指す。つまりクラブ活動といえば正課の活動であり、部活動は正課外の活動である。この両者を混同することのないよう注意が必要である。

1. 学習指導要領の変遷にみるクラブ活動

　クラブ活動が学習指導要領にはじめて位置づけられたのは、1947（昭和22）年の小・中学校の教科「自由研究」である。その中に「クラブ組織による活動」が例示されている。高等学校については1949（昭和24）年に単位活動の内容としてとりあげられた。

1951（昭和26）年の第一回改訂において自由研究は発展的解消となり、「教科以外の活動」（小）、「特別教育活動」（中・高）となり、それぞれクラブ活動が内容として示された。中・高においてはその役割や内容が明確に示さることとなった。

1958（昭和33）年（小・中）、1960（昭和35）年の改訂において「特別教育活動」の名称が小・中・高で統一して用いられるようになった。中学校では「全生徒が参加することが望ましいこと」「学校の事情に応じ適当な時間を設けて計画的に実行する」と示された。

1968（昭和43）年（小）、1969（昭和44）年（中）、1970（昭和45）年（高）の改訂においてはクラブ活動が必修化され、小学校は主として第4学年以上の児童で組織して週1単位時間が、中・高は全生徒の参加で同じく週1単位時間がこれに充てられることになった。1977（昭和52）年（小・中）、1978（昭和53）年（高）の改訂では名称が「特別活動」に変更された。1989（平成元）年（小・中・高）の改訂では、中・高のクラブ活動が部活動で振り替え可能となった。

1998（平成10）年（小・中）、1999（平成11）年の改訂では、小学校においてはクラブ活動の時間が学校教育法施行規則の別表から外されて「年間、学期ごと、月ごとなどに適切な時間を充てる」こととされた。中・高のクラブ活動は廃止となった。

2008（平成20）年の改訂では、道徳的実践の指導の充実を図る観点から「1　目標」「2　内容」の形で目標が明確にされ、具体的な活動内容が示された。

2017（平成29）年の改訂では、児童が計画を立てて役割分担し、協力して楽しく活動するものであることが明示されるようになった。

以下、2017（平成29）年に告示された小学校学習指導要領および解説に沿って、目標、内容、指導計画、取り扱い等について確認する。

2. クラブ活動の目標と内容

①目標

「異年齢の児童同士で協力し、共通の興味・関心を追求する集団活動の計画を立てて運営することに自主的、実践的に取り組むことを通して、個性の伸長を図りながら、第1の目標に掲げる資質・能力を育成することを目指す」

主として第4学年以上の児童で組織される同好の児童集団によって行われるクラブ活動は、望ましい集団活動を通して、望ましい人間関係を形成し、個性の伸長を図り、集団の一員として協力してよりよいクラブづくりに参画しようとする自主

的、実践的な態度を育てることが目標である。

　教師は集団の特質をよく理解し、学年や学級が異なる児童が相互に協力し、信頼し合えるような配慮が必要であり、とくに教師が作成した指導計画に基づき、各クラブの児童が自分たちの共通の興味・関心を追求するための内容や方法などについて話し合い、年間や学期、月ごとなどに具体的な活動計画を立てたり、役割を分担しクラブの一員としての役割を果たして協力して実践したり、実践したことを振り返ってクラブのさらなる充実を目指したりするなどのクラブの運営に、自主的、実践的に取り組ませるための指導が求められる。また、互いの興味・関心についてのよさや可能性を理解したり、認め合いながら追求し合ったりするなどの態度を助長する指導も重要である。

②内容

　「主として第4学年以上の同好の児童をもって組織するクラブにおいて、次の各活動を通して、それぞれの活動の意義及び活動を行う上で必要となることについて理解し、主体的に考えて実践できるよう指導する。

（1）クラブの組織づくりとクラブ活動の計画や運営、（2）クラブを楽しむ活動、（3）クラブの成果の発表」

（1）クラブの組織づくりとクラブ活動の計画や運営

　「目標」にあるように、児童の自主的、実践的な態度を育てるには児童みずからが活動計画を立て、役割を分担し、協力して運営に当たることが不可欠である。しかしながらそれは教師の適切な指導の下での自発的、自治的な活動である点が重要である。そのためには、教師がしっかりとした指導計画を持ち、年間、学期、月ごとそれぞれの具体的な指導ができるようになっている必要がある。

　教師の適切な指導助言については、児童の発意・発想を生かした活動につながるようにすることが大切であり、それによってクラブの活動はより楽しく豊かなものになる。

　児童会活動や学級活動との関連にも留意することで、児童による自発的、自治的な活動がいっそう効果的に展開できると考えられる。また必要に応じて前年度同じクラブに所属していた児童の意見などを参考にしたり、異なる意見の人の説得や意見をまとめたり協力し合うよう配慮することにより、効果的でより楽しい活動が期待される。

(2)　クラブを楽しむ活動

　　クラブ活動の時間のほとんどが、この活動に費やされることになる。

　　自分達で作成した計画に基づいて、異年齢集団が協力しつつ、自発的、自治的に共通の興味・関心を追求することを楽しむ活動は、それが実現するにつれて、深い満足感や喜びを得ることになる。

　　話し合ってつくったきまりを守ったり、役割を交代してさまざまな楽しみを得られるようにする配慮も必要である。

　　状況に応じて、他のクラブや地域との交流を図るなどから、更なる楽しみを得ることも可能であろう。

(3)　クラブの成果の発表

　　活動成果の発表は、学校行事や児童会集会など他の特別活動を活用することで、それぞれの活動の効果を高めあうことができる。

　　運動会、学芸会などの非日常の機会や校内放送、壁面掲示などの日常の機会など、さまざまな機会を生かして発表の場を提供したいものである。

　　ただし、これも教師が一方的に指示するのではなく、クラブの成員の発意・発想による計画に基づき、皆で協力して発表するような活動になるよう配慮が必要である。

3.　クラブ活動の指導計画

クラブ活動の年間指導計画の作成にあたっては、次の点に配慮する必要がある。

①学級や学校の実態や児童の発達の段階などを考慮し、児童による自主的、実践的な活動が助長されるようにする

　　児童数や学級数、指導に当たる教職員や施設、設備など学校の実態を考慮した指導計画を作成する必要がある。また児童の発達の段階などはとくに考慮が必要であり、活動の要求や関心、また自発的、自治的な活動の経験などに応じた指導ができるような計画が望ましい。細部にわたり配慮された計画にそって、異年齢の仲間と協力しながら共通の興味・関心やものごとを深く追求していくクラブ活動は、児童にとってたいへん魅力的な学習活動となるだろう。楽しさや成功したときの満足感は、さらなる充実した活動への動機付けとなるのである。

②内容相互、各教科、道徳科、外国語活動及び総合的な学習の時間などの指導との関連を図る

　　クラブ活動の目標達成にむけては、学級活動、児童会活動及び学校行事の他の特別活動はもちろんのこと、各教科、特別の教科・道徳、外国語活動及び総合的な学習の時間などの指導との関連を図ることが大切である。その前提として、それぞれの活動において児童の自発的、自治的な活動が日ごろからより充実して行われるよう配慮する必要がある。

　　クラブ活動を通して児童が身に付けた様々な技能や態度は、他の教育活動においても生かされ、学級生活や学校生活のより一層の充実につながる。

③家庭や地域の人々との連携、社会教育施設等の活用などを工夫する

　　効果的なクラブ活動の展開には、家庭や地域の協力や社会教育施設の活用が大切である。外部講師や地域の教育力を活用したりするなど、地域の実態や特性を考慮して計画を作成することも考慮する。

④クラブの設置

　　各学校でクラブ活動を組織するに当たっては、以下のような配慮が大切である。

　　・児童の興味・関心ができるだけ生かされるようにすること
　　・教科的な色彩の濃い活動を行うクラブ活動の組織にならないこと
　　・学校や地域の実態を踏まえること

4. クラブ活動の内容の取扱い

クラブ活動の内容の取扱いについては、以下の配慮が求められる

・児童の自発的、自治的な活動が効果的に展開されるようにする
・内容相互の関連を図るよう工夫する

異年齢集団による自発的、自治的な活動を活発にするためには、クラブ活動を推進するための教師の指導体制を確立することが大切である。この自発的、自治的な活動は児童の経験が大きく影響するため、特に学級活動との関連を図って指導する必要がある。

　　配慮すべき項目は多岐に渡り、手に余ることもあるだろう。そのためにも、常日頃より他の教師や地域、保護者との連携を意識して、こまめな情報の発信と共有、相談をこころがける必要がある。それらを土壌としてはじめて、望ましい児童の個性の伸長や、異年齢の子ども達からなる集団による興味・関心を追求する活動を通じた楽しい学校

生活、そしてより良い人間関係を築く力の育成がなされるのである。

第4節 学校行事

　学校の思い出が卒業生の話題になるとき、その中心となるのは特別活動にかかわるものであろう。なかでも学校行事の領域に属する内容がその多くを占めると思われる。

　入学式、卒業式、運動会、修学旅行、林間学校、社会見学、文化祭など、学校行事を通じて得られる満足感・充実感は、所属校での学校生活のみならず、日本の学校教育そのものへの印象やその後の家庭教育の展開に直結する重要な要素といえる。

　「学校行事においては、全校又は学年（高等学校では「全校若しくは学年又はそれに準ずる集団」）を単位として、学校生活に秩序と変化を与え、学校生活の充実と発展に資する体験的な活動を行うこと」と学習指導要領の「内容」には示されているが、準備や運営に大きな労力を必要とするこの学校行事は、それだけに児童生徒にとって印象深いものとなり、生涯にわたり強く影響を与えつづける可能性を持つ重要な教育の領域である。よって、学校行事においていかなる経験ができるのか、そこから何を得られるのかを明確にし、活動後の評価を的確に行うことは、より良い教育を模索し、提供しようとする者の責務だといえる。

1. 学習指導要領の変遷にみる学校行事

　学校行事が法的に位置付けられたのは小学校・中学校では 1958（昭和 33）年、高等学校では 1960（昭和 35）年における学習指導要領の改訂時からである。もちろんそれ以前の学校教育においても学校行事は存在しており、明治前期には演説会・討論会や運動会などが教科外の重要な教育活動としてすでに諸学校においておこなわれていた。

　小学校においては 1886（明治 19）年より公立学校において紀元節、天長節、一月一日の三大節における拝礼が奨励され、また 1891（明治 24）年には「小学校祝日大祭日儀式規定」が公布され、儀式的行事における式次第が定められている。このように、諸儀式や運動会、学芸会、遠足、修学旅行、身体検査などの学校行事が日本の近代教育における重要な教育活動としておこなわれてきた。

　中学校の教育課程は、1958（昭和 33）年の学習指導要領では教科・道徳・特別教育活動（生徒会活動・学級会活動・クラブ活動）・学校行事等という 4 つの領域で構成されていた。1969（昭和 44）年の改訂において「特別教育活動」と「学校教育等」が統

合されて「特別活動」となり、その中の3つの内容［生徒活動（生徒会活動・クラブ活動・学級会活動）・学級指導・学校行事］、のひとつとなってのち、現在にいたるまで特別活動の中の一分野という位置付けに変更はない。

2. 学校行事の特質

学校行事は日常的に展開されるさまざまな教育活動の成果を融合して活用し、そこで得た成果をまたそれぞれの教育活動の中に還元するものである。それは単調になりがちな学校生活に望ましい変化を与え、児童生徒の積極的な参加を促し、望ましい自己形成や人間としてよりよく生きる力を体験的な活動のなかではぐくみ、よりよい学校生活を営む基盤をつくるという特質をもつ教育活動である。

学校行事の特質として「多彩な内容をもつ総合的、体験的な活動」、「学校生活をより豊かに充実したものにする活動」、「より大きな集団や幅広い人間関係をとおして学ぶ活動」、「学校行事への参加・協力を通しての自主的、実践的な活動」の4点が挙げられる。

①多彩な内容をもつ総合的、体験的な活動

　　それぞれに際だった内容をもつ学校行事は、それだけに各学校の実態に即して展開する必要がある。学校行事は各教科、特別の教科・道徳、総合的な学習の時間（高等学校：「総合的な探究の時間」）、そして特別活動の他の内容と相互にかかわりをもち、それらの日常の学習成果を生かして総合的に発展させるための体験的な活動である。その過程において児童生徒の創造力を高め、人間形成に役立てることができる。そこには教師のたゆまぬ創意工夫が不可欠といえる。

②学校生活をより豊かに充実したものにする活動

　　学校での生活に望ましい変化をもたらし、共通の目標に向かって児童生徒が協力して活動にあたることで、連帯感を深め成就感を味わうことができる活動である。また、上級生と下級生とがそれぞれの立場で協力しあうことで伝統を伝え、創造力を高め、よりよい人間関係がはぐくまれることで校風が醸成し、学校への愛着や所属感、連帯感などが育てられ、豊かな充実した学校生活を体験できる場となる。

③より大きな集団や幅広い人間関係をとおして学ぶ活動

　　学校行事はクラスの枠をこえて学年や学校全体など、大きい集団での活動である。たとえば儀式的行事では、気持ちを引き締めたり新たな決意を盛り上げる活動を集団的に行うことで、集団と自己、また集団の成員と自己とのかかわりについて学んだり、そこで望ましいとされる振舞い（マナー、社会的スキルなど）を学ぶこ

とができる。「しつけ」や「マナー」の教育は、特に教室を離れることの多い学校行事においてこそ効果的に展開できるといえる。

④学校行事への参加・協力を通しての主体的、自主的・実践的な活動

行事の特質や児童生徒の実態などに応じて主体的、自主的な活動を助長することを通じて、積極的に行事にかかわり、創り上げようとする諸活動が期待できる。

そこで重要なのは学校行事もまた学校教育の一環であることの認識である。行事の意義を児童生徒に十分に理解させたうえで自発的にかかわらせることにより、はじめて学校行事は「学校生活の充実と発展に資する体験的な活動」となりうるのである。

⑤その他

そのほかにも「家庭や地域社会との連携を強化する活動である」ことも特筆すべきである。すでに教師は学校の中で子どもだけを相手にしていればよい時代は過ぎ、考えうるあらゆる資源を活用して教育を展開する能力が求められている。家庭とのかかわり、保護者とのかかわり、地域とのかかわり、また各種外部機関とのかかわり。あらゆる教育的資源とのかかわりを深め、連携を強めることで、学校教育への活用をより容易にするよう試みるのである。特に郷土の伝統や文化、地域社会の生活や人々と積極的にかかわるなかで自分の役割を自覚し、自らを律するとともに、自己を生かし、協力しながら進んで役に立とうとするなどの公共の精神を育てる指導ができるように配慮する必要がある。

このように学校行事は他の教育活動と比較して、特に家庭や地域社会との連携強化に活用するにふさわしい教育活動といえる。

3. 学校行事の目標

中学校における学校行事の目標は、1958（昭和33）年の改訂時の「学校行事等」においては「学校行事等は、各教科、道徳および特別教育活動のほかに、これらとあいまって中学校教育の目標を達成するために、学校が計画し実施する教育活動とし、生徒の心身の健全な発達を図り、あわせて学校生活の充実・発展に資する」とあり、1968・1969（昭和43・44）年のそれぞれ小・中学校改訂以降に「特別教育活動」と「学校行事等」を統合して設けられた「特別活動」では「教師と生徒および生徒相互の人間的な接触を基盤とし、望ましい集団活動を通して豊かな充実した学校生活を経験させ、もって人格の調和的な発達を図り、健全な社会生活を営む上に必要な資質の基礎を養う」と

第2章　各論

統括目標が示された。この改訂以降は2008（平成20）年の改訂までは学校行事のみの目標は示されず、特別活動全体の統合目標としてのみ記述がなされていた。

1977（昭和52）年の改訂は、従来の特別活動の基本的枠組みは保ちつつ、特に学校の創意に注目してこれを生かすことで教育の充実をはかる意図により行われ、「望ましい集団活動を通して、心身の調和のとれた発達を図り、個性を伸長するとともに、集団の一員としての自覚を深め、協力してよりよい生活を築こうとする自主的、実践的な態度を育てる」と特別活動の統括目標が示された。1989（平成元）年の改訂では「学校行事においては、全校又は学年（高等学校では「全校若しくは学年又はそれに準ずる集団」）を単位として、学校生活に秩序と変化を与え、集団への所属感を深め、学校生活の充実と発展に資する体験的な活動を行うこと」が「指導計画の作成と内容の取扱い」に示された。2008（平成20）年の改訂では、学校行事の目標として「学校行事を通して、望ましい人間関係を形成し、集団への所属感や連帯感を深め公共の精神を養い、協力してよりよい学校生活を築こうとする自主的、実践的な態度を育てる」が明示されることとなった。そして2017、2018（平成29、30）年の改訂では、「全校又は学年の生徒（小学校：児童）で協力し、よりよい学校生活を築くための体験的な活動を通して、集団への所属感や連帯感を深め、公共の精神を養いながら、第1の目標に掲げる資質・能力を育成することを目指す」ことが示されている。

4. 学校行事の内容と指導上の留意点

学校行事の内容について、中学校を例に挙げると、1958（昭和33）年の改訂時の「学校行事等」においては「儀式、学芸的行事、保健体育的行事、遠足、修学旅行、学校給食、その他上記の目標を達成する教育活動を適宜行うものとする」とあり、1969（昭和44）年の改訂では「儀式的行事、学芸的行事、体育的行事、修学旅行的行事、保健・安全的行事、勤労・生産的行事」、1977（昭和52）年の改訂では「儀式的行事、学芸的行事、体育的行事、旅行的行事、保健・安全的行事、勤労・生産的行事」、1989（平成元）年の改訂では「儀式的行事、学芸的行事、健康安全・体育的行事、旅行・集団宿泊的行事、勤労生産・奉仕的行事」となった。これは1998（平成10）年の改訂では変更はなかったが、2008（平成20）年の改訂時に「儀式的行事、文化的行事、健康安全・体育的行事、旅行・集団宿泊的行事、勤労生産・奉仕的行事」となった。

①儀式的行事

儀式的行事の展開に際しては厳粛な雰囲気を保つとともに、児童生徒が相互に祝

第2章 各論

い、励まし、喜びを分かつことで集団や社会の一員としての連帯感を育てる点に配慮する。慣例的に形式にこだわりすぎたり、逆に厳粛な雰囲気を損ねたりしないような配慮も必要である。また儀式的行事は児童生徒の自主性を引出ししにくい分野であるが、そのためにも特に行事の目標を明らかにして児童生徒に理解させることが不可欠である。それがあってはじめて、儀式的行事が児童生徒における学習活動として機能するのである。

②文化的行事

　文化的行事は学校行事のなかでも特に児童生徒の自発的な創意工夫を引き出しやすい分野といえよう。しかしすべての児童生徒を活動に参加させるためには、教師が発達の状況や現在の状態を把握した上で、創造する喜びについて的確に働きかける必要がある。個々の能力の伸長に配慮しつつ、児童生徒間または教師−児童生徒間の人間関係の構築や、また、地域の伝統や文化に触れる活動の設定についてもあわせて留意すべき行事である。

③健康安全・体育的行事

　心身の健康や生命の尊さを知り、それを維持発展させる能力をはぐくむ教育活動である。

　特に学級活動・ホームルーム活動や児童会・生徒会活動、また特別の教科・道徳や関連する各教科との連携に配慮する必要がある。また性教育や喫煙等をテーマとした健康に関する行事や、運動会などの体育的行事には、保護者にも参加を呼びかけ、その地方の伝統的な種目を取り入れるなどといった、家庭や地域との連携にふさわしい内容も含まれるため、計画にあたってそのような点にも留意するべきである。

④旅行・集団宿泊的行事（小学校：遠足・集団宿泊的行事）

　学校外において活動が展開される行事である。特に集団行動を通して自律心を養い、自主的に集団の規律や秩序を守ろうとする態度を学ぶ。また自然や文化にふれる実際的な機会として貴重な活動である。その指導計画の留意点については、行事の目的を明確にして教育的意義を教師・児童生徒の双方が把握すべきことや、児童生徒ができるだけ多くの内容を体験できるようにすること、集団のなかで個人としての主体性が発揮されるようにすること、他の教育活動との関連をもたせること、児童生徒の心身の発達に応じた内容であること、事故の可能性を想定して対応策を予め考案しておくこと、などが挙げられる。

⑤勤労生産・奉仕的行事

　勤労の貴さや意義を理解し、またボランティア精神を養うことで将来の社会人としての資質を涵養するものである。児童生徒が「やらされている」との意識を持たないように、十分にその行事の意義を理解させられるような事前指導が必要である。

　勤労生産活動においては特に学級活動・ホームルーム活動との連携を意識して、望ましい職業感や勤労観をはぐくみ、将来的に社会人として生きがいのある人生を送るための意識や態度を持てるように工夫する必要がある。奉仕活動においても、社会人としてボランティア活動に積極的に参加していけるだけの意欲や態度を獲得できるようにすべきである。

　そのほか家庭や地域、関係機関との協力・連携に留意すべきである。

~~*~*~*~*

第3章

~~*~*~*~*

実践事例

~~*~*~*~*

第1節 学級活動（小学校）

～学級活動との出会いから、その先へ～

　私は初任時に5年生を担任し、それからというもの、ほとんどが高学年の担任を行なってきた。

　ここでは、高学年を多く担任し経験したことや考えたことなどを伝えたい。

1．児童と担任との出会い

　児童と教師には距離感があり、互いに様子を伺っている。児童と出会って最初の1週間、とりわけ最初の3日間は学年や学級の決まり、教師の考え、自己紹介などを指導するのが一般的である。その指導の中で学級活動に関わり、私が必ず児童に話すことは、次の2点である。

①　一人一人の思いを教師も自分たちも大切にすること。

②　言いたい事があれば、言ってもよいこと。

　これには、学級活動を充実させる上で、大切な要素が詰まっている。

①　一人一人の思いを教師も自分たちも大切にすること。

　学級活動のスタートは、学級の課題発見である。よりよい学級にするために、どんなことをよりよくしたり、改善したりすれば良いのか、児童から出された課題が非常に大切である。教師から課題を提示したのでは、主体性を伸ばすことはできない。もちろん、学級が新しくスタートし、学級活動の経験が乏しい実態であれば、教師から提示する場合もある。しかし、それをいつまでも続けてしまうと、「指示待ち」と呼ばれる状態になり、主体性が伸びる機会を教師が奪ってしまうことになる。

②　言いたい事があれば、言ってもよいこと。

　これは、①で述べたように課題発見したことを、表現できる学級風土作りをねらいとしている。当然のことであるが、今まで出会った児童には、思ったことを言えない児童がいた。活発で目立つ児童であろうが、物静かで目立ちにくい児童であろうが、課題発見する力は必ず育まれる。それをいかに表出させ、周りがそれを認められるようになるのかが、学級目標に向けて集団を高めていくために必要な要素となる。

第3章　実践事例

２．児童と学級活動との出会い

　私は高学年を担任することが多くあり、どんな児童との出会いの時でも、「どんな子たちかな。」と同時に「どんな学級活動を経験してきたかな。」と、希望に胸を膨らませて学級開きを待つ。いざ、学級開きを行い、児童と話す中で学級活動の経験を探る。残念ながら、低学年、中学年と学級活動を適切に積み上げてきた児童に出会ったことは、10年間一度もない。初めの頃は、それまでに経験してきたら、「この子どもたちはどうなっていたのだろう。」と、過去に対して憤りに近いような感情を抱くこともあった。もちろん、学級活動を低学年から積み上げてきた方がよい。しかし、私が特別活動に力を入れるようになってから、学級活動の経験が乏しい子どもたちでも、「できる限り主体的に活動できる力を付けよう。どこまで伸びるかな。」と楽しめるようになった。

【学級会（話合い活動）のスタート】

　学級児童に学級活動の経験を探る際に、教師対児童の対話で探ることもあるが、私は次のように行っている。

[1時間目]「せっかくだから何かして遊ぼうか。自分達で決められる。」と投げかける。大体の学級では、1人か2人が勢い良く名乗り出て、遊びを決める話合いを進行してくれる。児童からの意見が多く、記憶しきれない場合は、黒板に書く児童を募る。学級活動が乏しい児童は決まって多数決で話合いが決まる。そして、決まった活動を1単位時間内の残り時間で行う。

[2時間目]「どうだった？」と雑ではあるが、まずは感想を児童に尋ねる。問題なく遊べた場合は、「楽しかった。面白かった。」と返ってくる。また、問題が起こり、けんかが起これば「○○くんが、～～～でいやだった。」と返ってくるかもしれない。後者の方が私の考えとしては、次の展開に移し易い。なぜなら、問題が発生したことは、学級の課題の1つであり、その課題発見こそが学級活動のスタートになるからだ。そのため、後者の展開になった場合、その児童の言葉を受け入れつつ、「どうしてその問題が起こったんだろうね。原因は何かな。」と学級全体に投げかけ、学級全体で学級の課題を考えていく展開にする。そして、このやり取りが学級活動オリエンテーションのスタートとなる。

【学級活動オリエンテーション】

　1時間目の話し合いと活動を振り返りながら、オリエンテーションを行う。遊びを話し合う時に、中心になって話し合いを進めた人が「司会」、黒板にみんなの意見を記録した人が「黒板記録」と伝え、どんな役割か指導する。加えて、「黒板の文字は消えてしまうので、いつでも見返せるようにするにはどうしたらいい？」と問いかけ、児童か

ら「紙に書く。」と、おおよそ返ってくるので、「ノート記録」の役割を指導する。

　次に、活動中に起きた問題について話し合う。「どうして、さっきのような問題が起きたの。」「問題が起こるのはみんな平気かな。」と投げかける。児童の反応を受け入れながら、よりよい学級にするために、課題を見付け、それを解決していく学習が学級活動である、と指導する。

　最後に、「今、こうやって話し合いの場面や遊んだ時のことをみんなで考えたね。これが振り返りです。」と話し、学級活動には振り返りが必要であることを指導する。

　以上のように、私は学級活動を始める。このオリエンテーションを行った日は、情報量が多くなりすぎないように、ここまでの指導で留めるように私はしている。

3．学級目標をつくる

　私は、今までに学級目標の決め方を様々行ってきた。学級会として位置付け児童に話し合わせたこともあれば、教師主導で児童に投げかけながらまとめたこともあった。近年、私が行っているのは、プロジェクトアドベンチャーの活動の1つ、「Being」という手法を活用している。これは、誰か1人のシルエットを模造紙に描き、シルエット内側には「こんなクラスがいいな」、外側には「こんなクラスはいやだな」を一人一つずつ書き込む手法である。本来は、その模造紙を掲示し続け、達成したものには印を付けるものだが、私は個人がそれぞれの思いを書き込めることに良さがあると考え、その部分だけを活用している。そして、保護者会では、児童が書き込んだ模造紙を見せ、児童の思いを伝えると共に、保護者の思いも児童と同様に書いていただいた。

　こうして、Beingには児童と保護者の思いが書きこまれ、これを基に学級目標をつくる。ただ、学級目標を作る時に大切にしているのは次の3つである。

①　具体的な表現にする。

　これは、抽象的な表現だと目標が達成できたかどうか曖昧になるのを防ぐためである。

②　前向きな表現にする。（否定的な表現を避ける）

　「けんかをしない」ではなく、「話合いで解決ができる」とする。ただ、児童の実態によっては、前向きな表現にできない場合もある。その時は、教師が支援をしたり、児童が気付くのを待ったりする指導を行う。

③ 合言葉やあいうえお作文を作り、いつでも思い出せるようにする。

これは、いくつも具体的な目標があると、常に全てを意識して学校生活を送ること は難しい。そのため、覚えやすく、いつも思い出せるようにする。あいうえお作文と は、複数の文章の頭文字だけをつなげて、短い文や言葉にすることである。

4．学級活動の本格的始動

学級の課題は何か、どんな活動を学級でやってみたいか、話し合う。また、児童の実 態に合わせてアンケート用紙に記入して回収することも考えられる。話し合い、集約し た意見の中から、始めに何を解決したいか、どの活動を工夫して行えば課題を解決でき そうなのか決める。私は、第一回目の学級会はグループのメンバーを決めた輪番制では 行っていない。「司会をやりたい人はいますか。」と尋ね、その時の反応と第一回目の話 合いの様子を観察し、輪番制のグループを分ける。

第一回目の学級会に向け、計画委員会（先に述べたように、始めに募ったメンバー） と教師で学級会の計画を立てる。議題提案理由の文言を精選し、活動の工夫を学級全体 で話し合えるように指導する。その際、限られた時間で話  し合うために、計画委員会で事前に決めておくことを同時 に考え、よりよい活動になるために、どんな工夫ができる か話し合うことを指導する。そして、第一回学級会を行い、 決まった活動を実践し、振り返る。この時に一番力を入れ ているのが、振り返る場面である。私は、次の点を指導し ている。

① 学級活動は楽しい学習であること。
② 目的（議題提案理由）に向けて学級全体で話合い、めあてにそって活動すること。
③ 一連の活動（議題の募集～実践）は、ほとんど自分たちで考えて実行できたこと。
④ よりよい学級を目指し、今後も学級活動を充実させること。

5．学級会の発展と充実

私は学級会を長年スタンダード（通称緑本で紹介）な 方法で取り組んできた。学級全体に個人が意見を述べ、 合意形成していく。計画委員会はどうやったら議題提 案理由を達成できる活動の話合いにできるか一生懸命

事前の準備を行う。教師はあまり手を入れすぎないようにしつつも、児童だけでは気付けないことや自治的範囲を越えないように気を配りながら支援を行う。しかし違う個人が集まった計画委員会では、順調に準備が進むこともあれば、休み時間や登校時刻前の時間に集まれず、給食を食べながら計画を話し合うこともあった。だからこそ、色んな苦労を乗り越えて行った学級会の終わりでは、必ず計画委員会の努力を称賛する。計画委員会の5人の中でも、活動の軽重が生まれることがしばしばあったが、次の機会に向け励まし、前向きな姿勢を教師は崩してはならない。

　計画委員会が学級会に向け計画する際、「学級全員の意見を聞きながら話し合いたい。」という思いがよく出てくる。しかし、学級活動の経験が乏しかったり、発言する児童が少なかったりする学級の実態において、従来の話し合いの方法では、全員発言することが厳しい状況がしばしばあった。児童自らの発言が好ましいが、司会が指名し、意見を求める手立てをしても、それがあまりに多すぎると、学級会を楽しむ雰囲気がどうしてもその児童には離れていってしまう。そのため、私は話合いの仕方も計画委員会が選択できるよう、スタンダート方式（国立教育政策研究所の通称・緑本のもの）以外にも、新潟 AorB 方式、原案方式、代議制（長沼先生ご発案）、思考ツールを使ったアレンジなどを紹介している。これは、学級会の技能向上だけを目的にしているのではなく、人生で必ず生じる話し合う機会で生かせるようにと考え、児童には伝えている。そのため、話合いの方式や思考ツールについて基本的な知識は教えるが、「このやり方の方がいい。」というような言葉かけは行わない。あくまでも、主体的に児童が動くという特別活動の基本的な理念を大切にし、児童が気付けるように支援する。下の写真は学級会中に発言者側の児童が、理解できない児童へ分かり易く説明するために、その場で人を集め身振り手振りで説明している一場面である。他の児童への配慮や自分の思いが現れ、まさに主体的に活動できた素晴らしい一場面であった。先述したことと重複する

が、児童が気付き主体的に動いた成果は必ず称賛する。児童が主体的に活動して築いた礎には、学級活動と出会う前には無かった大きな財産を児童一人一人が手に入れていると私は信じている。

　これからも児童と共に考え、一緒に行動を起こしていける教師でいたい。

第2節 児童会活動（小学校）

主体性を育む児童会活動　～全校委員会の実践を通して～

1．勤務校の紹介

　筆者の勤務校、都内の私立の小中高一貫校で、4－4－4学年制をとっている学校である。筆者は、12年間の真ん中にあたる4年間を担当するところで勤務しており、小学5年生から中学2年生（8年生）までを指導している。本節での実践事例は、この小学5年生から8年生までが全校児童生徒が所属する「全校委員会」について記述する。

2．全校委員会とは

　全校委員会は、5～8年の全児童生徒を対象とした活動である。勤務校では、学級委員会、生活委員会、通学委員会、礼拝委員会、奉仕委員会、音楽委員会、体育委員会、図書委員会、新聞委員会、記録広報委員会、管財委員会、労作委員会、環境委員会、国際交流委員会、防災委員会の計15の委員会がある。

　筆者の勤務校では、全校委員会の意義を以下の3点を挙げている。

> ・集団の中での責任、自発的に行動する姿勢を養う
> ・異学年交流を通してお互いに学び合う
> ・リーダーシップを養う

全校委員会委員長・副委員長の任命式の様子

　運営の仕方であるが、5～7年生の任期は半年で、連続して同じ委員会に所属することはできない。これは、いろいろな活動を経験させることに価値を見出すためであり、

クラスの全員が必ず所属しなくてはいけないこと、クラス内で、担当児童生徒がいない委員会を作ってはいけないことが理由である。児童生徒によっては、自分がなりたかった委員会になれない場合もあり、そのための措置でもある。また、8年生は、委員長・副委員長を任命されることもあり、1年を通して同じ委員会に所属することになっている。委員会活動は原則、隔週火曜日の午後に20分間を設けて行っている。

各委員会で児童生徒に提示している担当する活動内容は以下の通りである。

委員会名	受け持つ活動内容
学級委員会	学級のリーダー、出席確認、生活全般
生活委員会	ロッカー、傘、持ち物に関すること
通学委員会	駅や通学路のマナー呼びかけ
礼拝委員会	礼拝の運営
奉仕委員会	奉仕活動運営
音楽委員会	音楽の授業、行事の運営
体育委員会	体育の授業、行事、保健に関すること
図書委員会	図書室の運営、読書に関すること
新聞委員会	学校新聞の作成
記録広報委員会	教室掲示板、生活記録編集、放送の担当
管財委員会	什器などの点検・修理、雑巾作り
労作委員会	校舎内外の美化、用具管理と整頓
環境委員会	古紙回収、ゴミの分別
国際交流委員会	国際交流の促進と広報
防災委員会	防災意識を高める活動

3．全校委員会活動の実際

筆者が、勤務してから現在に至るまでに担当を経験した委員会は、環境委員会、防災委員会、記録広報委員会、労作委員会である。委員会活動の指導にマニュアルはなく、担当教員の経験と感覚、社会情勢や季節に応じた指導が必要とされる。中でも、先輩教員から言われた大きなことは、「委員会活動は児童生徒が主体となった縦割りの活動」ということである。委員会活動では、担当教員はあくまでの裏方であり、委員会所属児童生徒の前には基本的には立たない。開始の挨拶から終了の挨拶まで、すべてを委員長・副委員長を主体とした8年生（最高学年）に行わせている。以下に、担当した委員会での指導実践を挙げる。

【環境委員会】

　筆者が環境委員会を担当したのは、勤務初年度であった。環境委員会は、ゴミの分別と回収を美化労作（掃除ではなく、美化労作と呼ぶ）の時間に行っている。環境委員会は、縦割り活動をしっかりと行っており、5年生から8年生までが3〜4人の班になり、「ゴミカート」と呼ばれるゴミ回収のカートを美化労作の時間に動かしながら各教室のゴミ箱のゴミを回収する。地味ではあるが、なくてはならない存在の委員会であり、校舎の環境整備に一役かっている。また、ペットボトルキャップ回収も同時に行い、こちらに関しては、学内法人組織の環境委員会とコラボし、小学1年生から高校3年生までの活動として、全学を挙げてのキャップ回収リサイクルを行っている。年に一度、高校生が近くの回収業者（NPOなど）に連絡をとり、回収依頼をする。回収結果のキャップの個数と、それに該当するワクチンの本数などを朝会など委員長が全校に報告している。児童生徒にとっては、各学級で結果を報告し、自分たちが行っている地道な活動が確かに実を結んでいるということを実感できた達成感があった。

【防災委員会】

　防災委員会は、2011年の東日本大震災後、2012年度に新設された委員会である。各教室にある防災頭巾、防災ヘルメットの管理や配付、防災訓練の連絡などが主な活動であるが、防災委員の児童生徒の防災意識を高めるため、学内の警備セクションに協力を仰ぎ、消火器訓練や、AEDを使用する講習など日常では体験できないようなことも委員会の時間に行った。防災委員を経験した児童生徒は、「翌年も防災委員を担当したい」など、貴重な経験を通して、意識が変わった者が多かった。また、年に3回行う避難訓練では、実際に逃げ遅れの生徒（基本的には防災委員会の委員長）を作り、教員による検索と救出も訓練として行っている。筆者の部署に初めて来た児童生徒は、リアルな救助と教員の救出劇に驚きと感動をしている場面もあった。

<消火器訓練>

< AED講習>

第3章　実践事例

【労作委員会】

　労作委員会は、美化労作の時間に校舎外の美化を全委員約60名で行う委員会である。日常の野外の美化労作だけではなく、行事後にも座席や環境の美化を行っている。活動は完全縦割りで行い、8年生をリーダーとして、5、6、7年生が1学年1～2名として班ごとに活動している。活動内容は、一言で言えば環境整備であるが、校舎前にある花壇の花の植え替えや整備、植木の剪定や雑草抜き、竹箒による落ち葉掃きなど、季節に応じた労作活動をその日、その時に状況に合わせて行っている。校内整備でベンチ制作を行った時もあった。決められたことを行うだけの「掃除」と自ら考えて動く「労作」の違いを意識させながら指導をしている。限られた時間の中で、いかに効率よく、児童生徒が活動できるかということが最も大事なことである。

＜花壇の植え替え＞

＜ベンチの制作＞

【学級委員会・体育委員会】

　学級委員会と体育委員会は、自分の学年を意識した委員会であると言える。委員会の時間内には縦割り活動もあるが、学級委員会や体育委員会は、委員会の時間外に多くの活動を行っている。学級委員会の担当はその学年の学年主任である。学級委員は、学年朝会の運営など多くの活動を担当しているが、学年朝会は、各クラスの学級委員が輪番で、週ごとに朝会時の指揮・司会を担当する。学年児童生徒の前に出る機会が多く、林

＜学年朝会＞

＜スポーツ大会＞

間学校やスキー学校の宿泊行事の際は、開校式やあいさつなど行事の運営に携わる。

　体育委員は、体育祭の手伝いなど学校の大きな行事に携わることが多いが、学年スポーツ大会の企画と運営が最も大きな活動になる。

4．特別活動としての委員会（児童会）活動

　全ての委員会に共通して言えることは「責任を持たせ、実行させる仕掛けと理由が委員会」ということである。真っ白なキャンバスに【○○委員会】という名前と何となく考えられる活動が書いてあり、それを担当教師は利用して、児童生徒に考えさせ、ある時は行事を企画させ、あるときは自分から気付くように仕向け、あるときは「責任」ということを指導し、緊張感と達成感を味わわせる。学校教育における集団生活での重要なポイントは、緊張感を味わったことによる達成感である。全校朝会で朝礼台の上に立ち、800人の前で話をする緊張感、自分の学級で自分が伝えなければいけないことを話す緊張感、自分が考えてきた行事が無事に終わったことの満足感など、教科学習では味わわせることができない大事な教育を委員会活動ではそれぞれの児童生徒に味わわせることができる。もちろん、それについての評価はない。（もちろん、指導要録上、活動を頑張った児童生徒については、担任が○をつけるところはあるが、それは成績表には載らない内容である）。

　委員会を担当する上で、筆者が最も苦労したことは、「何をするか」ということである。上記に書いた児童生徒に緊張感や達成感、満足感を味わわせるために、その委員会で何をしていくか、どんな年間計画で委員会を運営するかが担当教員の腕の見せ所である。委員会活動に「きまり」はない。すべて担当教員の創意工夫で運営できるものである（もちろん、委員会としてやらねばならぬ活動もあるが）。退職された恩師が筆者にこう言った。「委員会をきちんと運営できたら一人前だ」なんでもできるからこそ、最も難しい校務担当が委員会の指導であると考える。ぜひ、学生諸君には試行錯誤しながら、委員会（児童会）の運営を行ってもらいたい。

第3節　クラブ活動（小学校）

子どもたちにとって最も自由で楽しい時間

　子どもの能力が伸びる時、それは楽しいことを夢中で行っているときである。そしてクラブ活動は子どもたちにとって、楽しいことを夢中でできる時間である。この中で子

第3章　実践事例

どもたちは自己実現をし、仲間と人間関係を作り、自分が所属している集団のために役に立つ経験をすることができる。クラブは最も自由で楽しい時間なのである。

　学習指導要領の中では、クラブ活動は指導内容が明確にされていない。とはいえ、特別活動の3つの視点を伸ばしていることには違いがなく、またすべての教育活動に共通に設けられた3つの柱の育成を目指しているのである。クラブ活動が他の教育活動と異なるのは、完全に子どもたちの子どもたちによる子どもたちのための活動だということである。何かの技術を身に付けさせるというものではなく、クラブ活動を通して、自分のやりたいことを仲間とともに実現していくという主体的な態度を育てる活動である。誰かが作った楽しいことに誘ってもらうという受け身な生き方ではなく、自分のやりたいことを具現化していく活動である。一生涯続く豊かな人生を作るきっかけになる。

　活動時数は週ごと月ごとに適切な時数をとうたわれていることを思えば、週一回程度を保障することが望ましいといえる。とはいえ時数に制限が掛けられないだけに年間35時間を取らずとも罰則規定があるわけではない。しかし児童会活動と合わせて週に一回は子どもたちの主体的な活動の時間を保障すると考えるとクラブ活動だけで年間45分×20回は行いたいものである。

1．クラブ活動の内容

　クラブ活動では次の3つの活動を行う。

（1）組織づくりと計画や運営する活動

　自分のやりたいことができる組織を作り、役割を分担しながら協力して運営していく経験をしっかりと積ませる。

（2）クラブの活動を十分に楽しむ活動

　楽しいことは学びのエネルギーである。異なる学年の友達と自分たちでやりたいと思って創意工夫しながら共通の趣味や関心を追究する経験はどんな課題も乗り越えていくことができる力を育てる。

（3）自分たちのやってきた成果を発表する活動

　クラブ活動の成果について、仲間の発意・発想を活かしあい、協力して、どの子も自分の活躍を全校児童や地域の人たちに発表し、自己実現をしていくことができるようになる。

　これらの3つの活動をすべて行うようにと学習指導要領の中では定められている。その点を考えると、年間の活動時間が20時間以下になると十分な活動とは言い難い。ク

ラブはただ遊ばせている時間ではなく、確かなねらいの下で意図的に計画されている教育活動なのである。

　クラブ活動の内容は子どもの願いから始まるものであるが、そこでは特別活動の自己実現、人間関係形成、社会参画の3つの視点にそって生きる力を確実に身に付けさせることができる。

2．主体的な組織の立ち上げ方

　クラブ活動は残念なことに、教師が決めたいくつかのクラブの中から子どもたちに選択させるにとどまっている学校が多い。そこに児童の願いを受け止める姿勢はない。どのようなクラブを作るかは児童自身が決めなくてはならない。

　すると教師は心配する。「子どもがバスケットクラブを作りたいといっても、バスケットを指導できる教師がいない」ということである。答えは簡単、バスケットの指導ができない教師が顧問に就けばよいのである。クラブ活動は授業と異なり、教師が指導する必要はないのである。いや、教師が指導してはいけないのである。バスケットボールクラブ活動はバスケットボールの技術の向上を目指しているのでではなく、バスケットボールの好きな子どもたちが集まって、自主的に自分たちのやりたいことを実践していく力を育てているのである。

　こんな心配もある。「パソコンが40台しかないところへ、100人の子どもが集まっては活動ができない」と言う。すると多くの学校では4年生を他のクラブへ移すことで解決を図る。4年生にとっては自分の願いが叶えられたとは言えない。4年生の中でも首尾よく自分の希望のクラブに入れた子どももいて不公平感が生まれる。楽しいクラブ活動の中にそんなモヤモヤした気持ちを残してはいけないのである。

　「100人集まったけれどもパソコンは40台です。どうしますか？」と子どもたちに投げかけて、気付かせ、自分で判断させるのである。100人いてもいいという子、十分に活動できないなら他へ移るという子、どちらも自己決定の結果であれば、全員が第一希望に入ることになる。40台のパソコンを100人でどう使うかは、決まってから子どもが考えればよいことである。主体的に組織を立ち上げるには個人の意思決定は最大限に

尊重されなくてはならない。

　クラブの設立は発起人方式として、6～8人程度の中に4、5、6年生が交ざっていたらクラブは発起できることとする。（人数等は学校規模による。ここでは4、5、6年生が100人以上の形である）あとは教員の数に合わせて、クラブの数を決めて、仲間をたくさん集めたクラブから成立とするのである。

　すると発起人は自分たちのクラブを立ち上げるために、休み時間なども使いながら勧誘をし、計画を立てて主体的に動き出す。仲間を集めきれなかったらあきらめて、その年は他のクラブに入れてもらうことになる。どうしてもクラブを作りたいなら一年かけて作戦を練り、仲間を集めることが必要になる。

　さらにこんなことを言う教師もいる「本当にやりたいことではなくて、仲良しの友達がいるから引っ張られているのでも良いのか」。答えは「良い」である。何をするかにこだわりがないなら気の合う仲間と楽しい時間を作ればよいのである。常に子どもの願いを叶える視点でクラブ活動を扱ってほしい。クラブ活動の活性化は学校の活性化に直結する。

3．クラブの自発的・自治的な活動を生み出す仕掛け

　クラブはクラブ長を中心に発起人たちが年間の活動数に合わせて活動内容を考える。その際顧問になった教師が助言をすることは問題ない。子どもだけでは見込みが甘い部分がある。毎回のクラブの前日までにクラブ掲示板には、活動内容、持ち物、めあてなどを貼ってクラブのメンバーへの連絡を終えておく。当日は担当の児童が準備をし、号令をかけ、その時間のめあてをみんなで確認して活動を始める。もし「先生今日のクラ

ブは何するの？」という声が聞こえたら、クラブとしてはきちんと機能していないと考えるのがよいだろう。クラブの活動内容は教師が決めることではない。一単位時間のクラブが終わったら、リーダーを中心に振り返りを行う。始めに伝えためあてに対して自分の活動がどうであったか、頑張っていた仲間がいたかなどを発表する。この振り返りはとても

大切であり、クラブの質を高めていくことになる。万が一、リーダーの計画が甘くて楽しい時間を過ごせなかったとしたら、それはきちんと振り返りで反省するべきことである。そこは教師が出るべき数少ない場面であろう。

4．クラブ発表会をしよう

　クラブ発表会のための時間をとると、クラブの時間が無くなるという声がある。しかし、クラブの発表の準備の時間はクラブの時間そのものであるから心配はいらない。年間の時数以外にクラブ発表の時間が取れることが望ましい。

　しかし、クラブ発表は一度に行わなくても構わない。音楽クラブ、体操クラブ、演劇クラブなどは休み時間に自主公演をしたり、鉄道クラブは鉄道新聞を出したり、手芸クラブやイラストクラブ等は作品を展示する形でも構わないのである。このような取組が行われることは、全校児童にとっても楽しい時間を作ることになる。よりよい学校づくりへの参画といえる。

　お昼の放送で、「明日の休み時間は音楽室で音楽クラブのコンサートをやります」等と発信すると、1、2、3年生のワクワクは止まらない。音楽室はアイドルのコンサートさながらで満員御礼の様子になる。

　一斉にクラブ発表会をするとしたら対象は全校児童にしたい。1、2年生にとってはいつか自分が大きくなったらやってみたいと思う憧れの気持ちを育てることになる。もちろん3年生以上には来年度のクラブ設立のヒントになるであろう。

5．クラブの継続の奨励

　クラブは毎年設立するが、できれば3年間同じクラブを継続することが望ましい。自分の一番やりたいことができればおのずから3年間同じものになっていくはずである。継続することの価値は、上達することである。毎年変えてしまうと、学年の差があまり出ないが、継続するとやはり6年生は4年生よりもはるかによく分かってくる。そしてリーダーとして活躍できるのである。

クラブ活動の中で異年齢交流活動のねらいも追うことができる。学級の中ではなかなか活躍できない６年生でも、サッカークラブではリーダーとして活躍できることもある。学級ではおとなしくて目立たない子が、手芸クラブで素晴らしい作品を作って注目を浴びることもある。そこには技術の上達も条件の一つとして功をなす。

　もちろん、自分の作りたかったクラブを成立させられなかった子どもは是非とも、再チャレンジしてほしいものである。どうして自分のクラブに人が集まらないのか、どうすれば集まってくれるのか、人間関係形成についても体験の中で学ぶことになる。

６．教師の関わりは子どもの見取り

　クラブ活動は技術を高めることを第一の目的にはしない。しかし、子どもたちがもっと上達したいからと、指導できるであろう教師を顧問に依頼してきた場合は、指導をしてもよい。雇われコーチである。その場合はリーダーたちと相談をして、活動の仕切りは子どもが、練習は教師がリードするなど役割分担をすることが望ましい。教師の私物化で子どもの主体性・自治性が失われることが無いように十分注意したい。

　教師の仕事は見取りである。一人一人のクラブノートに、45分間で見た子どもの活躍している姿を書き込んでいく。これは教師自身にも児童理解のよい研修になる。子どものクラブノートは担任に返すことで、担任がその子の意外な面を知ることができる上でも役に立つ。

　クラブ活動は、子どもの主体的・対話的で深い学びに直結する。全ての学びの基盤を作っている。しっかりと全職員でクラブ活動の意味を理解して取り組んでもらいたい。

第４節　学校行事（小学校）

「八ヶ岳移動教室」（遠足・集団宿泊的行事）の事例紹介

１．はじめに

　本市では、長野県諏訪郡富士見町に宿泊施設「市立八ヶ岳少年自然の家」を所有している。少年自然の家は、少年たちを八ヶ岳の雄大な自然に触れさせ、自然と接した中から、自ら考え、そして行動できる少年を一人でも多く育てようと設けられ、1980年に開所以来、広く市民に利用されている施設である。

　本市内の公立小中学校では、この少年自然の家を宿泊施設として、学校行事【遠足（旅行）・集団宿泊的行事】を実施している。日常の生活環境とは異なる自然と触れ合い、

施設周辺の地域の特色を存分に生かし、学校ごとに工夫をして、豊かな人間性や社会性を育む教育活動を実践している。

2.「八ヶ岳移動教室」の実践

　本市内の公立小学校の6年生は、学校ごとに市立八ヶ岳少年自然の家での移動教室を2泊3日の行程で実施する。実施時期は学校によって異なり、5月から7月にかけて行う前期（1学期中）と9月から11月にかけて行う後期（2学期中）の期間で、学校ごとに施設の利用期間を割り振って実施する。

　春から夏にかけて実施する学校と夏の終わりから秋にかけて実施する学校があり、体験する季節が異なるとともに、それぞれの学校の実態やそのほかの学校行事とのバランスなどを考えて、実施時期を決めている。

　本校では、運動会（健康安全・体育的行事）を例年2学期の9月末から10月上旬に開催するため、八ヶ岳移動教室は1学期中に実施している。

3．地域の特色を生かした「林業体験活動」

　2泊3日の移動教室期間中に、全ての学校において「林業体験」が実施される。

　林野庁の「協定締結による国民参加の森林づくり」により、本市と南信森林管理署が「遊々の森」の協定を結び、学校行事における林業体験活動（間伐作業）が、南信森林管理署及び少年自然の家職員の指導の下で実施されている。

①活動内容

・森林管理署職員が講師となり森林教室を行い、間伐の目的や森林の働きなどについて学ぶ。

・6～7名程度のグループに分かれてフェリングレバー、ロープ、くさび、ノコギリ、尺棒を持ち、林内に移動し間伐作業を行う。

・森林管理署職員及び少年自然の家職員の指導の下、各グループ1本のカラマツを
のこぎりで切り倒し、倒した木を尺棒の長さ（1.5メートル）に玉切り、最後に
ロープを使って近くの林道の決められた置き場まで搬出する。

②ねらい

・間伐作業の意義や森林の役割などについて理解し、自然環境を守ることの大切さ
を知る。

・間伐作業を通して、勤労によって得られる感動とともに達成感を味わい、「生き
る力」を育む。

・グループの仲間と力を合わせて作業することで、連帯感や社会の一員としての自
覚を育む。

・キャリア教育の視点に立ち、日本の林業に関する興味・関心を高める。

③活動の成果

　林業体験活動が与える感動は、自分たちが力を合わせて切り倒そうと挑んだ大木
が大きな地響きを立てて倒れた瞬間の子どもたちの歓喜の笑顔と歓声に表れる。

　大木が倒れるまでは、労力を必要とする作業に消極的であった児童が、興奮と感
動を境に、玉切りや丸太の運び出しなどの作業を積極的かつ楽しそうに行うように
なった。

　自分たちが倒した木を玉切りし、林道まで運び出す作業を終えることにより、切
り倒すだけの体験よりも多くの達成感を得ることが可能となる。これらの作業を終
えるためには、グループの仲間どうしが助け合い、協力し合って取り組むことが不
可欠である。

　作業を適切に進める上での協調性や仲間の疲れ具合を思いやる気持ちを子ども
たちに体感させることも目的の1つとなる。

　　国有林の間伐作業を手伝えたという貴重な体験は、自分たちの仕事が社会に貢献したという大きな達成感と社会の一員であることの自覚をもたせることに繋がる。

４．事前・実践・事後の指導

①事前の指導

　　八ヶ岳移動教室は、日常の学校生活の延長上に実施することを意識付ける。

　　日常の学校生活の延長上とは、人間関係や係・当番活動等での仕事への意欲など日頃の学級活動の実践や学年全体で取り組んでいる普段の状況が継続された状態であり、望ましい状態が保たれていることがとても重要となる。

　　個人の目標、生活班や学級全体の目標、学年全体の目標と段階を経て課題意識の範囲を広げることで、学年全体の実施に向けた期待感を高めていく。また、学年共有の掲示板や教室壁面を活用し、目標や計画等を可視化していくことが効果的である。

②実践中の指導

　　本校では、第一日目に車山高原から八島湿原までのハイキングを実施し、宿舎での夕食後には、キャンプファイヤーを実施する。

　　第二日目に林業体験と森林を使ってのネイチャーゲーム、夕飯はカレーライスづくりを行い、夜は少年自然の家の敷地内をナイトハイクして星空の観察を行う。

　　第三日目には、「八ヶ岳自然ふれあいセンター」などの施設を利用して、テーマ別グループ学習を実施する。

　　集団生活のベースは、移動教室期間中の「生活班」を軸に行う。

　　生活班内の役割分担と主な仕事内容は、以下の通りである。

　　○室長：グループ内の状況把握、予定や注意事項の伝達

　　○寝具・整頓：寝具の取扱い、室内の整理整頓の働きかけ

　　○保健：検温の実施、健康状況の報告

　　○食事：食事の準備、食堂の清掃

　　○レク：キャンプファイヤー、バスレクの企画・実施

活動後や一日の振り返りを生活班ごとに行う。

その後、役割分担ごとに集まって生活班での話題を報告し合う。

　　班長会では、振り返りに基づいて、よかった点をほめたり、励ましたりして達成感や充実感を味わわせ、情報の共有化を図るとともに、成功体験を重ねられるよう、課題解決に向けて具体的に指導をする。

第3章　実践事例

③事後の指導

ねらいとして掲げた以下の三点について実施後に振り返る活動を行う。

○集団の一員としての自覚を深め、協力してよりよい生活を築いていこうとする自主的・実践的な態度を育てる。

○森林教室、林業体験や野外活動を通して、八ヶ岳の豊かな自然に親しみ、自分たちの住む町とのちがいに気付く。

○共同生活を通して協力することや助け合うことの大切さを知り、友情を深める。

さらに、個人の生活目標や学級目標との関連を意識させ、達成の状況に応じて自分の成長したところや新たにできるようになったことなどを自覚させる。

個人や学級・学年全体の成長、よかったところなどポジティブな声を拾い、実践の様子がわかる画像とともに、コメントを掲示して可視化する。

成功体験を次の学校行事に生かし、卒業に向けての学級・学年の軌跡として、振り返りの実際を大切にしていく。

５．おわりに

移動教室などの宿泊行事の実施に向けて、目的地に関して、社会科や総合的な学習の時間等で得た知識や情報を生かして事前学習を行ったり、現地での自然体験において、理科の知識を確認したり、家庭科の実習の経験を生かしたり、道徳的な実践の場としたりするなど多くの学習活動を展開することが想定される。

その際は、特別活動において重視する「人間関係形成」「社会参画」「自己実現」の３つの視点との関連を踏まえて、各学習過程において、どのような資質・能力の育成を目指すのかを明確にして指導することにより、「深い学び」の実現が可能となる。

【児童の作文から（抜粋）】

八ヶ岳移動教室

ぼくは、小学校生活の六年間をふり返って、とても楽しかったことや、学んだことが、沢山あります。その中でも、とくに印象に残っていることは、六年生の八ヶ岳移動教室です。この移動教室では、沢山楽しみ、学び、とてもいい経験がひびきました。

一日目は、バスにゆられて八島湿原に行きました。そしてとにかく歩きました。歩いた距離はなんと十二km！ぼくは、もうへとへとになりながら山頂についた後に、友達と食べたお弁当はおいしかったです。お弁当は、普段食べる物よりずっとおいしかった。この日の夜は、みんなでトランプをしたり、何百枚もあるUNOをしたり、伝言ゲームをしたりしました。この日のおふろはとてもひろびろまなことをしました。ここまむ楽しく遊んだのはひさしぶりなので、やはり友達は大事だなと改めて感じることができました。

小学校六年生の思い出と将来の夢

ぼくが六年生の思い出の中で印象に残っていることは三つあります。

一つ目は、八ヶ岳移動教室です。特に木を切る体験とナイトハイクが印象に残っています。木を切る体験では、木を切る時のこつが分かりにくくて、最初は大変でした。でも、続けていくうちにこつが分かってきて、うまく木を切ることができました。お土産にもらった木は、すべすべしてとてもはやわらかくてよかったです。ナイトハイクは、とても暗い夜の道を歩いていてとても恐しくて気持ちよかったです。広場で見た夜空は、人工衛星や流れ星がよく見えて、とてもきれいでした。

第5節　学級活動（中学校）

子どもが安心できる学級づくり

1．はじめに

　私が学級づくりにやりがいを感じたのは、初めて担任をもった学級で1年、2年、3年ともち上がり、彼らが卒業した時のことだ。卒業して行く彼らの姿を見て、10年後、20年後を見据え、中学校の3年間でどうなってほしいか？を改めて考えさせられた。

　授業計画も、学級計画も、部活動の指導でも共通することがある。それは、ゴールから逆向きに設計していくということだ。彼らの将来が「こうなってほしい」というイメージを明確にもち、そのためにこの1年間を、この時期を、どのように過ごしてほしいのか？を考え、手立てを講じていく。全てが計画通りにいくわけではないが、よりよい集団を戦略的につくっていこうとすることが、生活指導を減らすことにもつながると感じている。

第3章　実践事例

2．逆向きに設計する

　私たちの仕事は、10年後、20年後の彼らのために、種を蒔くことだと感じることがある。自分の経験でいうと、大人になってから、ふと「今、○○先生が言っていたことと同じことを言っているなぁ」と思うことがある。中学校を卒業した5年後の成人式の時に、あるいは、10年後の25歳の時に、20年後の35歳になった彼らに、どのような夢をもたせられるだろうか。どのように育っていてほしいだろうか。学級経営は、そこから始まる。もっと短いスパンでいうと、卒業式の時に、目の前の生徒たちがどのような姿で卒業してほしいか？をイメージすると良いのではないだろうか。

　年度当初に、学級担任が、学級経営計画を提出する学校がほとんどだと思う。それも利用して、自分の考えているゴールに向かって、どのように学級を経営していきたいかを考えていく。たとえば、3年生の卒業時に、「自律した人」たちの集まりになってほしいと考えたとする。その場合、2年生の終わりにはある程度自分の感情のコントロールができている、1年生の終わりには、身辺整理が概ねできている。集団づくりでいうと、2年生ではミドルリーダーが活躍できていてほしいので、1年生のうちにスモールリーダーを育てておく。どの場面で活躍し、やり方を覚え、自信をつけてほしい、などとできるだけ具体的に考えていく。ただし、計画は計画である。自分が思っている通りに全てが進むわけではないので、必要であればその都度、少なくとも学期ごとに計画の見直しをし、修正をしていく。

3．共通理解を図る

　初めて学級担任になり、どうして良いのかがわからない場合もある。そのような時ほど、年度当初の学年会で、何をどのようにしていくかの共通理解を図ることが大切だ。特に、クラスが複数あるときには、給食指導、美化活動、帰りの学活のやり方がそろっていると、担任の不在時に、副担任が指導に入った時に一貫した指導がしやすく、クラス替えをした時には、生徒の戸惑いを減らすことができる。

　また、小中連携事業の折に、小学校ではどのような学級経営の工夫をしているのかを聞き、中学校でも引き続き指導していくことが望ましければ、それを取り入れるのも良いだろう。身の回りの整理の仕方や、職員室の入室の仕方、6年生がどのようにリーダーシップをとっていくのか、といった点は、参考になる場合もある。学校によって指導の重点も異なると思うが、公立学校の場合は、多くの児童が学区の中学校へ進学する。中1ギャップを減らすために、それぞれの校区で連携を深めていくことも大切である。

４．安心できる居場所をつくる

　学級では、全ての生徒にとって、過ごしやすく、安全な環境を提供することが大切である。自己主張の強い一部の生徒だけが「楽しい」のはすぐに目につくが、大人への自己主張はあまり多くないが、毎日真面目に登校している生徒が「楽しい」と感じられているかに目を向けたい。「真面目にやっているのが馬鹿らしい」と悲観的になる生徒が出るようになれば、そのうち学級の荒れが目立ってくる。

　また、「学校に行ってもつまらない」と自分のもつパワーを持て余してしまう生徒がいる場合もある。その持て余したパワーを負の方向に使ってしまうのは、貴重な青春に陰りを落としてしまう。それを何か正の方向で発散させられないかを考えるのが、教師の腕の見せ所ではないか。行事や学級の活動の中でどう巻き込めるか？を積極的に考えていきたい。

　生徒たちは、やりがいがあり、学級の中で参画できているという意識がもてると、学級が安心できる場所となる。中学生は、思春期という人生における激動の時期である。その時期に「誰からも必要とされていない」と絶望してしまうのは悲しいことだ。行事や部活動、当番活動や生徒会活動の充実などにより、「学校に行くと、○○をするのが自分の仕事で、やりがいを感じています！」と毎日の登校が待ち遠しくなるような学級をつくりたい。

５．ユニバーサルデザイン

　「何をすればよい」という明確なイメージが生徒と共通理解できていれば、いわゆる「サボり」はなくなる。そのためには、最初の指導が肝心である。

美化活動の例
- 美化活動の開始の挨拶をさせる（「○○さんがいません！」を防ぐ）
- ４月にやり方を全員に教え、その班が最初にやる日はやり方の確認をする（「正しいやり方」イメージの共有）
- 「誰がどこをどの程度」というルールを決める（机運び一人一列、掃く担当箇所など）
- 最終点検を自分たちでさせ、報告させる（「きれいな教室の姿」イメージの共有）

提出物管理の例
- 決まった時間に提出時間を設ける（朝学活など）

・期限のある手紙には、右上に提出期限を書くというルールにする

・手紙の仕分け時間を確保し、提出物とそうでない手紙はファイルをわけさせる

・連絡帳（あるいはメモ帳など）に毎日記入し、家でも見る習慣をつけさせる

・期限内に提出できなかった場合は必ず報告させる（報告できることが将来大切）

　これらはあくまでも一例であり、それぞれの学級担任が、今までの経験から様々な工夫をこらして指導をしていることと思う。

　ここで注意しておきたいのは、他の人間からするとサボりに見えても、本人にとっては、苦手なだけで一生懸命やっているということもある、ということだ。大人に「この子は困った子だ」と思われる生徒は、「本人がそのことで困っている子」でもあるという視点を忘れずにいたい。人間は誰しも、苦手なことや失敗する時がある。それを責めている姿ばかりを見せているのでは、教員が率先して、「この生徒は学級内での人間関係の下に位置付ける！」とアピールしているようなものだ。大切なのは、苦手や失敗をリカバリーする方法である。本人と相談しながら、大人になって困ることがあった時にも解決できる力を身に付けさせたい。苦手な生徒にわかりやすいのであれば、誰にでもわかりやすい。ユニバーサルデザインが学級でどのように取り入れられるか、今後も引き続き考えていきたい点である。

6．自治的活動ができるために

　中学生ともなると、自己調整ができるように指導をしていきたい。これができるかどうかで変わってくるのは、休み時間の過ごし方である。中学校は、小学校とは異なり教科担任制である。よって、教員は、休み時間中に次の授業の準備をし、次のクラスに移動しなければならない。こういった事情から、休み時間は、クラスの様子に大人の目が行き届かないこともある。休み時間中に廊下に大人がいるだけでも、事故防止の抑止力にはなるが、休み時間をどう過ごすことが適切か？が理解できていることが大切である。

　まず、休み時間は、次の時間の準備の時間であることを意識付けさせる。机やロッカーの中をどう整理するのが望ましいかも併せて指導する。次に、望ましい他者との関わり方を練習させる。授業の中でソーシャルスキルトレーニングを取り入れるも良し、レク係を作り定期的に企画をさせるも良し、昼休みなどは、教師が校庭に遊びに連れて行くも良い。先述の通り、「困った子」に見えるのは、「困っている子」である。すぐに

手や足が出てしまうような人との関わりをする生徒は、もしかしたら上手な関わり方を覚えていないだけかもしれない。

　生徒たちが自分の感情をコントロールし、見通しをもって行動できれば、学級は、休み時間も安心で安全な場となる。大人が見ているところではできて当たり前。見ていないところで自分たちが気持ちよく過ごせる環境をつくることが自治的活動である。担任は、生徒たちに気付かれないかもしれないが、望ましい環境となるようにどう方向付けするかが工夫のしどころである。

７．リーダーを育てる

　学級委員に立候補するというのは、とても勇気のいることだと思う。その勇気をもってがんばろうとする学級委員を、ただの「先生の言うことをみんなに言う係」にはせず、リーダーとして育てていきたい。そのために必要なのは、自信と経験だと私は思う。

　自信がなければ、そもそもクラスの前に立つことが難しい。経験がなければ、前にでてきたところで戸惑ってしまう。リーダーシップをとれないところばかりを見せていては、信用を失いかねない。そのため、それをスモールステップで学ばせていく。それが、班長である。班長を通して班をまとめることができると自信になる。やり方を覚えれば迷いも減る。班長を労う大人からの声かけは、生徒の承認欲求を満たしてくれることもあるだろう。

　班長を育てるためには、班での仕事のまとめ・報告役をさせ、人に声をかけることに慣れさせる。生徒に聞くと、自分が他人に注意をすることへは抵抗があるそうだが、自分が見本となる分にはがんばりたいと言う。最初はそれで良いのではないだろうか。そして、班長という役割を担任が頼るようにすれば、点検や回収、何かと班員に声をかける機会になる。がんばっている班長を見て、班員は信頼を寄せる。すると班長は声をかけやすくなる、という良い循環が生まれる。もっときちんと班長を育てようと思えば、班会議や班長会議を設定し、司会や進行のやり方を身に付けさせる。そこまでできると、学年が上がった時には非常に助かる。ただ、最初の指導には時間がかかるのが難点だ。

　班長として自信がもてると、次の席替えでも班長になろうと意欲的になる。なるべく初めてやる生徒に譲り、経験者は副班長として補佐をするようにと決めておくと、班長経験者が増えていく。リーダー経験者が多くなると、学級を良くしようという目で物事に取り組む生徒が増えるので、普段の生活だけでなく、行事や授業の際にも力を発揮することができるようになる。

第3章　実践事例

このような経験を積んだ班長たちは、いずれ学級委員や行事の実行委員、生徒会役員などに自ずと立候補することが多い。彼らの手が挙がるようになるまで、自信をつけてやり、やり方を学ばせてやるのが担任の仕事の１つである。

8. 教師の説話

「先生の話は長いから嫌だ」という生徒もいるのではないだろうか。話し方にもコツがあり、聞き方にもコツがあるのだ。話し手には、「このような話をしよう」という全体像があるが、聞き手にそれが「目に見えるように」共有できない場合が聞きづらい時ではないかと思う。聞き手は、話の見通しがもてない中で聞き始めるので、途中で聞くのに飽きてしまう。そのため、「○つ話します。１つ目は」といったように整理されていると聞きやすい。パワーポイントなどで、画像が入ったり、要点が文字になっていたりすると、よりわかりやすい。聴覚優位で理解する生徒よりも、視覚優位で理解する生徒が多い傾向であるので、イメージの共有を大切にしたい。

さて、生徒にとって、教師は身近な大人のモデルである。毎日疲れた顔をしていると、生徒たちも気を遣う。時には疲れることもあるだろうが、毎日疲れているのであれば、生徒から見て、教師とは夢も希望もない職業のように思われてしまうのではないか。それでは寂しい。教師自身が毎日を楽しく過ごし、「大人になるとは素敵なことだ！」と生徒に夢や希望を与えられるよう、ワーク・ライフ・バランスを大切にしたい。また、教員の実体験や、大切にしていることを話す時には、普段よりも関心をもって聞くことが多いように思う。身近な大人から聞く話は、これから大人になる彼らにとって、思考の材料として大切なものとなるのであろう。教師も人間だ。完璧ではない。その完璧ではないけれど、人間として率直に考えていることを、意見の押し付けではなく伝えていくことが、生徒がこれから何かを考えるきっかけになるのではないかと思う。教師の説話は、「ただ長いだけ」の話ではなく、生き方を考える大切な時間だと考える。

9. さいごに

学級にまとまりがなく苦労した時期に、「先生の言うことを聞く子が良い子なの？」と聞かれたことがある。その時は、「そうではない」とすぐに返したものの、心の中では、「本当にそう思っていないと言い切れるのか？」と疑問に思った。大人の言うことを聞いて行動してもらえるなら、そんなに楽なことはない。しかし、楽をすることが学級経営なのか？指示待ち人間を育てたいわけではない。しばらくずっと、その問いかけが心

に引っかかっていた。今、私は、生徒たちには、自分で考えて、自分の心が「良い」と思うことを大切に行動する人になってほしいと思っている。その問いかけがなければ、生徒を管理することが学級経営だ！と思っていたかもしれないとぞっとする。

　生徒たちには力がある。人生の先輩としては、心配で、先回りしたくなることばかりだが、彼らには、「転ばぬ先の杖」を与えなくとも、「転ぶと痛い」ということを学び、転ばぬ方法を自分たちで考えることができるのだ。過保護では、彼らの体験する権利を奪ってしまうこともある。教師という仕事は、彼らに寄り添い、子どもたちの笑顔のために毎日を過ごすことができる。なんて素晴らしい仕事だろうか！毎日やることが多く、疲れてしまう日も数え切れないほどあるが、教師になろうと思った頃の気持ちを、忘れずにいたいものだと思う。教師は生徒の鏡である。心身共に充実した日々が過ごせることを心から願う。

第6節　生徒会活動（中学校）
中学校における生徒会活動の事例とその指導観

1．はじめに

　筆者が勤務する学校（以下、本校と呼ぶことにする）は埼玉県の南東部に位置する公立中学校であり、在籍生徒数は750名ほど、教職員数は50名ほどで成り立っている中規模学校である。本校の特別活動部会は各学年2名の教師、計6名で担っており、筆者は本校に着任した年度から校務分掌で特別活動を担当している。特別活動部の主な業務は生徒会本部の運営を主とし、学校行事の運営、縦割り活動の企画運営などである。

　混乱を避けるため

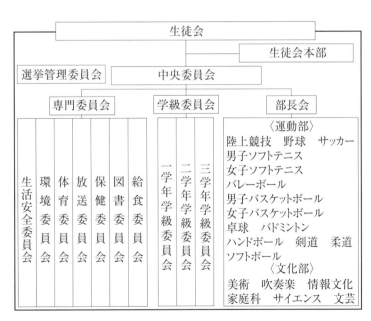

75

に、まず、"生徒会"と"生徒会本部"の言葉の違いについて明記しなければならない。生徒会というのは、本校に在籍する生徒全員が所属するものであり、生徒会本部というのは、生徒会本部役員選挙において当選された生徒（会長（1名）、副会長（2名）、総務（4〜7名）の三役）で成り立っているものである。前者である生徒会は本校の場合、上記のような組織図となっている。本節では生徒会活動における委員会活動、生徒集会、生徒総会、生徒会本部役員選挙について事例を取り上げる。

2．リーダーとしての使命を育む中央委員会

　月に一度、専門委員会（ここでは学級委員会も含むとする）に所属しているメンバーが委員会ごとに一斉に集まる機会がある。本校は専門委員会の活動を前期（4月〜10月）・後期（10月〜3月）の2期制によって分けている。各専門委員会の中で委員長と副委員長を決め、委員長は専門委員会の集まりの後にも、中央委員会という各専門委員会の委員長を集めて行われる会に出席しなければならない。中央委員会には生徒会本部役員（以下、本部役員と呼ぶことにする）も加わることになり、本部役員は主に司会・進行を務めている。本部役員は専門委員会に所属することができないため、専門委員会と同時間で本部役員も集まり、企画の考案、生徒会新聞の制作、中央委員会の進行確認をしている。中央委員会では、各専門委員会委員長から活動計画、活動の進捗と反省を全体で発表し、互いの活動を共有している。その後、本部役員による企画の提案とその賛否について皆で議論し合う。そもそも中央委員会の開催趣旨は、委員長としての自覚を持って活動に臨み、互いの活動を知ることで学校全体を見渡すことができるようになることである。つまり、リーダーとしての使命感が問われる場なのである。

　しかし、中央委員会において"議論し合う"レベルに至るまでにはそう簡単ではない。前期・後期で中央委員会に参加するメンバーも変わるが、活動が始まり2ヶ月くらいは活動報告だけで終わってしまい、内容の薄い中央委員会になってしまうことがよくある。中央委員会には特別活動部の担当教師の全員が出席しているため、活動が始まって最初の頃には活動計画書の書き方、発表の仕方、質疑応答でどのようなことを深めていけば良いのかを様々な角度から指導している。

　専門委員会が存在しなくても学校がなくなることはない。ではなぜ専門委員会が存在

するのだろうか。それは、全校生徒の学校生活をより一層過ごしやすくするためである。中央委員会に参加する生徒がリーダーとして育ち、学校全体を見渡せる人になってもらうためには、委員長個々人がどのような使命感を抱いて、この中央委員会に臨んでいるのかが大切である。そしてその使命感が学校を変えていく鍵ともなるのだ。中央委員会に参加してきた生徒は、次第に建設的な討論ができるようになり、立派に育っていく。そうした意味で、本校の中央委員会はリーダーとしての使命を育む場であると言えよう。

3．生徒会本部役員が自ら企画・運営する生徒集会

　本校では月に一度、体育館にて生徒集会が行われる。これは本部役員が司会・進行を務め、企画内容も本部役員の生徒が考える。この生徒集会も毎月企画内容は異なっており、代表的な催しとして以下のようなものがある。
・各専門委員会委員長から活動の抱負や振り返りの発表等
・体育祭や合唱祭シーズンには、実行委員会による活動スローガンの発表等
・生徒会本部役員選挙時期には、選挙管理委員会委員長から「選挙をするにあたっての心構え」の説明等
・四季に合わせて、専門委員会委員長からの呼びかけ等（生活安全委員会による挨拶運動や、図書委員会による本の貸し出し、保健委員会による手洗い・うがいの徹底など）

　これらは本部役員が生徒集会で登壇してもらう生徒に事前に依頼し、進行の打ち合わせを行う。司会原稿の作成から進行のタイムスケジュールまですべて本部役員の生徒が考える。特別活動部担当の教師は、司会原稿の添削や、タイムスケジュールなどのアドバイスをする。

　担当のどの教師も心掛けていることは、本部役員の生徒たちが考えたことを尊重してあげることである。「自分たちで考える、自分たちで実行する、自分たちで振り返る」能力を育成するためにも、教師によるアドバイスは必要最小限にとどめている。本部役員として初めて生徒集会を担当するときには緊張や不安が心の中で走るだろう。「上手くいかなかったらどうしよう」と思うことは当然である。しかし、生徒集会本番

に至るまでに、本部役員の先輩からアドバイスをいただき、リハーサルを何度も重ねることで"不安"から"楽しみ"へと変わり、集会を終えたあと「今日の集会、大変立派だったね。よく頑張ったよ」と声をかけてあげることで"自信"へとつながっていくのである。こうして、自ら企画・実行し、振り返って、また企画するこのサイクルは、「さすが本部役員」と言える次元の高い活動ができていると考える。

4. "学校を知る"そして"所属感を高める"生徒総会

6月中旬頃には生徒総会が開催される。この行事こそ全生徒が「自分たちも生徒会の一員なのだ」と感じる重要な学校行事の一つである。

本校は生徒総会を実施するにあたり『生徒総会資料』という冊子を作成する。これには、生徒会本部、各専門委員会、部活動の長が中心となって作成に携わり、昨年度の活動報告や今年度の活動計画・目標などを記入してもらい、一つの冊子としてまとめることになる。この冊子は全生徒・全職員に配布され、全校統一の時間で行われる学級活動で『生徒総会資料』を読み込み学級討議を行う。この学級討議は各クラスの学級委員が討議の司会・進行を務め、クラスの質問の集約をすることになる。

しかし、いきなり学級討議をするとなると慣れていないクラスにとっては、学級委員が何をしたら良いのかわからなく、クラスの話し合い活動が機能しないこともあり得る。そのために、学級討議が開かれる前には全校の学級委員を集め、特別活動部の担当教師を中心に、学級討議のねらいや進め方、方法などを指導している。学級討議の時間では、学級委員がリーダーシップを張ってクラスの討議を進めていく。どのクラスの学級委員も立派な態度で進めることができており、クラスの一員もそれに協力する姿が毎年見受けられる。全クラスで出てきた質問は生徒会本部が一度集約し、その後、総会当日に取り上げるものを選別する。

生徒総会を迎えるまで様々な準備が必要である。本校の場合、生徒総会を司会進行するのは3年生の議事運営委員（3名）であり、どの生徒が議事運営委員を務めるのか、学年の教師を中心に事前に候補を決めなければならない。議事運営委員を務める生徒が決まったら、その後の動きはすべて特別活動部の担当教師が指導する。議事運営委員と生徒会本部、各専門委員会委員長、部活動の部長、そして質問者と共に何度もリハーサルを重ね、生徒・教師ともに妥協を許さないまでの高いレベルになるまで内容を詰めて

いくのである。

　そして迎える生徒総会当日、特別活動部の担当教師は体育館の端で生徒たちを見守り、厳かな雰囲気のもとで開催する。リハーサルの効果もあり、登壇者全員立派な態度で生徒総会に臨むことができ、全生徒も"自分のこと"として考える場が実現できている。

　生徒総会のリハーサル時には、登壇する生徒に厳しい言葉を時には言うこともある。それは、厳かな雰囲気を作るのは登壇者であり、本校の生徒会を引っ張っていく存在だからである。また、クラスの生徒にも「他人事としてではなく自分事として考え、皆さんが学校生活を送る上での方向性が決まる大切な行事」であることを何度も言い続けている。学級討議を通して"学校を知り"そして"所属感を高めて"生徒総会に全生徒が臨むことで、生徒会としての一員であることを気づかせ・感じさせる行事になれればと思う。

5．民主性と公平性が問われる生徒会本部役員選挙

　10月上旬には生徒会本部役員選挙が行われる。この行事は生徒会本部という全校生徒をとりまとめるリーダーを選ぶ重要な行事である。本校では専門委員会と並んで選挙管理委員会を置いており、クラスで1名が必ず選挙管理委員会に入り、生徒会本部役員選挙の運営・進行をすることになる。選挙管理委員会の活動は例年だと9月から本格的に始まり2ヶ月間かけて集中的に進めていく。生徒会本部役員選挙の主担当を務めた筆者にとって、外してはならないこととして二つ挙げられる。それは、投票者目線から見る「民主性」と立候補者目線から見る「公平性」の2点である。

　まず投票者目線における民主性についてである。生徒会本部役員選挙こそ民主的なものはないと筆者は考える。立候補者はそれぞれの公約を宣言しその内容も様々である。「あいさつが溢れる学校になるよう本部役員自身で挨拶運動を毎月実施する」という公約や、「全校生徒のありのままの気持ちが聞けるよう、生徒会アンケートを実施する」という公約など、学校のためを思う大変素晴らしいものである。全校生徒一人ひとりがどこに焦点を当てるかは異なり、選挙公約から感じることも様々である。全校生徒がどの立候補者に学校を任せたいのか、その内なる気持ちを表すのが選挙である。一人ひとりの大切な一票が尊重され、その一票で本校の生徒会活動の方向付けも変わってくるのだ。

次に立候補者目線における公平性を考えてみよう。ここで読者に考えてもらいたいことがある。例えば立候補者があまりにも少なったとする。その場合、読者はどんな対応を考えるだろうか。このままで進めてしまうか、それとも二次募集をかけるか。このままで進めてしまう場面のメリット・デメリット、そして二次募集をかけたときのメリット・デメリットのどちらも考えてほしい。そこで第一に考えなければならないのが、現時点で立候補している生徒には、何も不利にならないように対応することである。つまり立候補者にとって公平に選挙活動ができるよう配慮しなければならない。本校の場合、立候補者と推薦者には様々な書類の手続きを要しており、立候補する生徒たちは申し分のないくらい準備を重ねて選挙活動をしている。そのような必死で頑張っている立候補者の気持ちを、教師側が理解してあげなければならない。この民主性と公平性が厳格であるからこそ、生徒会本部役員選挙が学校教育の一環として行われていることがより際立ってくるのである。

　また、本校の場合、投票箱は実際に使われているものを市の選挙管理委員会からクラス分レンタルし、クラス単位で投票を行っている。体育館にて立候補者・推薦者の立会演説会後に投票が始まるのだが、ここも指導をするにあたって留意しなければならない点がある。無効票の数がどれだけあるかで、学校の実態がわかると言っても過言ではないと筆者は感じる。つまり、全校生徒がこの生徒会本部役員選挙に対しどれほど真剣に臨んでいるかが有効票の数でわかるのだ。節度のない無効票は、立候補者、選挙管理委員、そして本校の教職員に対する冒とく行為とも言える。無効票を出させないためにどのような指導が必要なのか、これはこの行事を進めるにあたって大切な観点の一つである。厳粛な雰囲気で行われる生徒会本部役員選挙であるからこそ、実際に行われている選挙と同様な運営が実現でき、本部役員としてふさわしい人物を選ぶという民主的な社会をつくるための基礎を身に付けることができるのではないだろうか。

6．生徒会活動における教師の立ち位置と指導観

　生徒会活動というと生徒が主体的になって活動することを理想とするが、そう簡単ではないのが実際である。主体的に活動させるからと言って、すべて生徒任せで進めていくことには限界があり、活動している生徒自身も苦しむであろう。そうならないために、教師が事前に生徒たちに足場をかけてあげられる場を設定する必要がある。先述した本

校の生徒集会においても、生徒自身が企画・運営をするが、教師は進行の助言や発表原稿の添削を行い、リハーサルなどの場を設けて、常に生徒とともにいてあげることを筆者は意識している。生徒総会における学級討議においても、討議の仕方や進行方法を教師が事前に指導し、本番を迎えるまでに様々なステップを作っている。

　ここで肝心なのが、生徒自身、「"自分の力"でなんとかできた！」と思える指導をすることである。教師がすべて手取り足取りやった場合、その完成度は高いであろう。しかし、これでは生徒の成長にはつながらない。指導をする過程において仕事を徐々に任せていくことで、生徒たちだけの力で進めていくことがいつかはできるようになる。

　このことが中学校の生徒会活動の指導の鍵になるが、ここが一番悩むところでもある。それは、生徒たちの活動にどこまで関わってあげるべきかということである。中学生の場合、"ここまで"と一概にいうことは難しく、企画の内容や生徒一人ひとりによっても変わってくる。筆者も最初は生徒とともに活動を進めていき、生徒たち自身で活動の見通しが立つことができたら、少しずつ助言を減らしていこうという意識で指導している。また、活動を進めていくにあたりもう一つの壁となるのが、活動時間の確保である。本校の場合、部活動に所属している生徒が多いため、放課後の時間に活動することは容易とは言えない。部活動と生徒会活動の兼ね合いに生徒も教師も悩ませているのが実際のところである。限られた時間のなかで質の高い生徒会活動を実践していくためには、活動計画をしっかり立て、常にゴールから逆算して物事を考えていかなければならないと強く感じている。

第 7 節　学校行事（中学校）
「自然」をテーマにした宿泊学習の事例紹介

1．はじめに

　私の勤務する学校は私立の中高一貫校である。学校は共学であるが、男女の比率が2：1で男子が多くなっている。公立の中学校と異なり、同じ小学校から入学する生徒は殆どおらず、多くの生徒は中学1年の4月に初めて出会う仲間と6年間をともにすることになる。

2．行事の概要について

　本校では校外学習が中学校の各学年で毎年行われる。テーマが学年ごとに決まっており、中学１年では「自然」をテーマに普段生活している場所とは異なる環境で自然について学ぶ。中学２年では「日本文化」をテーマに日本の歴史において重要な場所へ赴き、自分の目で見て歴史を実感し確かめる。中学３年は「国際」をテーマに海外での研修を行う。中学３年で海外に出たときに、自分や日本のことについて語れるようにするために中学校での３年間の校外学習は設計されている。

　今回は中学１年の５月に行われる、「自然」をテーマにした校外での宿泊行事について紹介する。

　中学１年では２泊３日で福島県南会津郡南会津町にて宿泊行事を行う。主な行程は次の通りとなっている。

　第１日目　会津高原たかつえでの自然観察、飯盒炊爨

　第２日目　学校分収造林での体験学習、尾瀬ブナ平での自然観察

　第３日目　製材工場見学

中学校での３年間における校外学習の目標は前述の通りだが、その目標に向けて中学１年の宿泊行事での目的が３つ用意されている。

　①自然観察をする

　②自然との関係を学ぶ

　③仲間との生活体験

　単に自然を見て終えるのではなく、自然と自分の関係を学ぶことが目的に含まれている。この行事を通して、生徒が自然というレンズを通して自然と自分の関係を見つめる機会とすることを狙っている。また、行事の実施時期が５月に設定されているのは、中学校の３年間だけでなく高校での３年間を合わせた中高６年間をともに学び成長していく仲間との絆を深めるという目的もある。

　後半の部分で詳細に述べるが、行事の終了後に生徒は自分たちが直接感じた自然について国語の授業内で新聞を作成する。文化祭では３日間をともにした班単位でプレゼンテーションを行う。２泊３日で感じたことを自分の中で留めるのではなく、他者に伝えることも学びとして含まれている。

３．事前の取り組みについて

　実施前の４月、５月の学級活動の時間で事前準備を進めていく。最初は３日間をともにする班員の顔合わせとなる。生徒たちは中学校に入学して１ヶ月も経っていない状況で最初はお互いに探り探りだが、すぐにお互い打ち解けていく。生徒がお互いに打ち解けたところで３日間の生活の役割分担を行う。「部屋長」、「美化係」、「食事係」、「保健係」、「風呂係」を生徒同士で割り振っていく。

　また、南会津の方に千葉まで来ていただいて事前学習も実施する。生徒たちは写真を見ながら、南会津の自然の様子などの詳細を聞くことができる。自分の住む地域との違いに、生徒は写真が変わる毎に驚きの声を上げていた。この時間によって漠然と自然が豊かな場所に行くというイメージから、少しずつ３日間を過ごす南会津のイメージを膨らませていくことができる。

４．３日間の様子

（1）１日目

　初日は、千葉県から南会津まで途中休憩を挟みながらバスで福島県へと向かう。到着して最初に行うのは会津高原たかつえでの自然観察を兼ねたゲレンデウォークラリーとなる。地元の方が作成した自然に関するクイズを解きながら約２時間のウォークラリーを班ごとの活動として行う。目的地まで歩く途中で、南会津の自然に関するクイズが出題され、生徒はクイズの答えの根拠になる植物などを採集してチェックポイントに向かう。クイズを通して、グループの仲間と協力することを体験する。クイズの答えに結

びつく自然の植物、動物などを一生懸命になって探す生徒の姿を見ることができる。グループによっては中々見つからず苦戦している様子も窺えた。自然と向き合うことに一生懸命になりすぎて静かに黙々とクイズに取り組む班、わいわいと歌を歌いながら駆け回る班などそれぞれのグループに個性が表れる瞬間である。

　ゲレンデを動き回ったあとは飯盒炊爨を行う。現地の方から作り方の説明を聞いた後、班ごとに自分たちでカレーライスを作る。ここでも、野菜や肉を切る生徒、お米を研ぐ生徒、乾いた木を積み上げて火力を調整する生徒などそれぞれが役割分担をして自分たちの食事作りに励む。普段の生活では何気なく使っている電気、ガスが無い中での

調理を経験する。お手本通りにうまくできる班がある一方で、ちょっとした火加減、時間を間違えるなどの失敗をしてお手本とはちょっと違ったカレーライスになってしまう班もあるが、みんな自分たちの手で作った食事を楽しむことができた。片付けの際にもできるだけ環境に配慮した方法で片付けを行う。当たり前に日頃の生活では行っていることが当たり前ではないことに気付かされる瞬間である。

　1日のバスでの長旅や1日中動き回った生徒たちはホテルに戻って入浴し、就寝する。初日の興奮と疲れのせいかどの生徒もぐっすりと眠ることができていた。

（2）2日目

　2日目は朝食後、学校が国から借りている学校分収造林での林業の実習である。この分収造林は、約10年前に同じ場所を訪れた先輩たちが杉の木、柏の木、桜の木を植えた場所である。毎年、生徒が訪れて10年前に植えた木々が55年後には立派な森になるために林業の体験を行う。1日目は既にある自然を観察することが目的だったが、2日目の午前中は木を育てる、自然を育てることを経験し、学ぶ内容となっている。

　生徒がこの場所で行う内容は年によって変わるが、冬の雪で倒れてしまった木々を起

こす倒木起こし、まっすぐに木を育てるための枝打ちなど、55年後に向けて毎年生徒たちが地元の方の協力を仰ぎながら一生懸命作業を行う。初日の純粋に自然を楽しむ姿から一変して、生徒たちは木を育てることの大変さについて身を以って実感することができる。どの生徒の顔つきも真剣そのものである。

　昼食後は尾瀬ブナ平へと移動し再び自然観察を行う。ブナ平は南会津より気温も低く、5月でも雪が残っている。怪我をしないように準備運動をしてから自然観察を始める。各班に地元の方が1名つき、雪道を散策しながら自然を楽しむ。雪の上に残る小動物の足跡からどんな動物が活動をしているのか知ることができる。運の良い班は小動物たちに会えることもあった。その瞬間は生徒たちの歓声が聞かれる。また、樹齢の長い幹の太い木に耳をつけると不思議な音がすることなども経験する。我先にと生徒たちが

自分の耳を樹木にくっつけて喜ぶ様子が見られた。

　生徒は同じ自然でも地域によって全く状況が異なることを直接感じ取った。このような体験から自分の住む街での日常から世界を広げて行くことができるようになる。

　ホテルへ戻り、入浴と夕食を終えた後は２日間の活動をまとめる時間である。ここでのまとめが、学校に帰ってからの取り組みに活かされることを生徒には説明する。一日中動き回って体は疲れ切っているが、どの生徒も眠気と疲れに負けず一生懸命にまとめの作業を行う。文字でまとめる生徒、デジカメで撮影した写真をもとにイラストを描く生徒など生徒それぞれの個性が溢れる。

（3）3日目

　最終日となる３日目は、２日間お世話になったホテルを後にして、製材工場の見学を行う。ここでは、木材加工の現場を見せていただく内容となっている。机、椅子、本棚

など木を使った製品は日常に溢れているが、一本の木がどのような工程を経て木材へと加工されていくのかを見学する。工場の機械によって、丸太だった木が一枚の板状になるまでの姿を、生徒たちは一瞬も見逃すことなく見つめる。木の皮を剥がす作業など一部の作業は工場の方の手を借りながら生徒たちも行った。

　実際に地面から生えている木を一本伐倒する場面も見せてもらうことができた。生徒の身長の10倍以上の高さの木が倒れる様子を見て、生徒たちからは歓声があがっていた。

　この工場での体験によって、自然の一部だった木々が加工されることで私たち人間にとって有効活用されている現場を知ることになる。学校の廊下にはここで製材した木材を利用したベンチが置かれている。このベンチがどのような工程から作られているか知る貴重な機会である。３日間の中で、自然を観察すること、木を育てること、木を利用することを学ぶ。生徒が自分自身と自然の関係を見つめて、考え直す機会となった。

　この工場見学で３日間のすべての行程は終わりとなり、生徒たちはバスに揺られて千葉へと帰る。

第3章　実践事例

5．事後の取り組みについて

　生徒たちは3日間で学んだこと、感じたこと、気付いたことについて様々な場面でアウトプットを行う。

　国語の時間には環境新聞として、3日間で学んだことを新聞としてまとめる作業を行った。3日間の流れを全て書くのではなく、記者になったつもりで1つの場面を切り取り、自分なりの解釈でその場面の説明、解説などを作成する。文字だけでは味気ないので現地で撮った写真を利用する、現地にまつわる架空の広告を挟み込むなどそれぞれの生徒が独創性を発揮していた。すべての作業はパソコンで行う。ここでは、技術の時間に習ったパソコンの使い方を存分に発揮する。特別活動として行った行事での学びを、外部に発信するために技術の時間に習った知識を利用し、国語の時間で作品に仕上げるという教科横断の学びにつなげている。

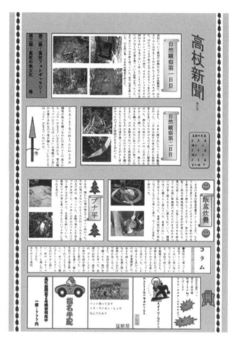

「環境新聞」

　文化祭では3日間で感じた自然をテーマにそれぞれの班がプレゼンテーションを行う。各班の持ち時間は約6分間となるため、全ての行程を順序通りに説明するとそれだけで時間があっという間に終わってしまう。そうならないために、各班で話し合いをして、どこに焦点を当てるかを決めていく。生徒自身の手で観客の方に伝わるスライドを作成した。さらに、棒読みで終わらないように何度もリハーサルをすることで喋り方なども改善していく。生徒たちは文化祭当日に保

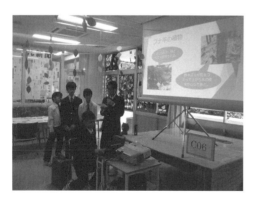

護者の前で発表を行い、大きな拍手をもらうことができた。

さらに、文化祭では出し物の1つとして、南会津の木々の枝を使ってストラップなどを作成する。木の枝を10cmほどに切り、そこにストラップと目玉のシールを貼り付けたキャラクターを来場者とともに作成し、記念に持ち帰っていただく試みである。

6．最後に

校外学習は学校の様子とは違った生徒の一面が見られる貴重な機会である。一方で、普段と異なる環境であるため教員側としては様々な気遣いを要求される。生徒のテンションが上がりすぎて無理をし過ぎないか、生徒のちょっとした行動から思わぬ大怪我につながらないかなど言葉にすると際限がない。しかし、心配ばかりして生徒を囲い込むことは生徒の成長を奪うことに繋がってしまう。生徒の自主性を信じて校外学習が生徒の成長に繋がることを願い、教員は3日間陰でサポートをしている。生徒と同じ目線でいるように生徒には見せながらも、広い視野を持って教員として行事に関わる姿勢が不可欠である。

第8節 ホームルーム活動（高等学校）

特別活動を支えるホームルーム担任の仕事とは

1．はじめに

「先生は今日から本校に赴任していただくことになりますが、私からお願いがあります。1つは、生徒を大切にして下さい。これは教師という仕事をしていく以上、当たり前のことかもしれません。もう1つは、この学校を大切にして下さい。本校は伝統校として地元の人にも愛され、地元の会社にたくさんの卒業生を送り出してきました。この学校を好きになって、ここに通ってくる生徒たちを大切に育ててほしいと思います」

これは、私が公立高校の採用試験に合格し、商業高校定時制に採用が決まり、最初の面接の時に校長先生から言われた言葉である。何度か指導に迷った時、この言葉を思い出しては、基本に立ち返ることにしていた。

2．ホームルーム活動で学ぶ意義を伝える

高等学校のホームルーム活動は年間35時間であるが、ホームルーム担任（以下「担任」とする）はその指導だけにとどまらない。朝の出席確認と諸連絡、専門教科の授業、

第3章　実践事例

場合によっては総合的な探究（学習）の時間の指導、帰りの連絡、放課後の教室清掃、さらに部活動指導など、さまざまな場面でクラスの生徒と接する時間が一番多い。これらは人工知能や AI では判断できない領域であり、まさに「教え育て支える」教育の根幹に携わっていると言えるだろう。

さて、皆さんの高校時代に担任が話をするときは、どのような様子だっただろうか？

不思議なことに、担任の話し方や表情は、ミラー効果となってクラスの生徒全体の雰囲気を作っていく。始業式や終業式の形式的な集会とは違って、担任はその日のその時間の生徒に合わせて、ツッコミの質問にも即答できる。生徒が真剣に話を聞くときは、教室内の空気の密度がぐんと高くなるのを肌で感じられる。笑いが起こるときは一気に爆発。目には見えないが、生徒一人一人が網の目のようにつながっているからだろう。担任冥利に尽きる瞬間だ。

ところで、遠足でも、修学旅行でも、体育祭でも、楽しいことを前にすると、生徒の心が浮き立つ。しかし、これらの学校行事は休日に仲良しの友達と遊ぶのと同じではない。集団の中で行われる活動にはそれぞれ目標があり、学ぶ意義があることを、担任の指導で理解させることが必要だ。これを生徒たちが自覚することによって、生徒が最大限にできる活動が生まれるし、集団のきまりも自分たちで決めることができる。また、事後の振りかえりによって自己の成長を確認することが可能となる。

担任には、今の学びが学校だけの経験にとどまらず、卒業したその先に活用されていくことを伝える場面がいくつもあるはずだ。それが先に生を受けた「先生」の務めであろう。

3．担任力のみせどころ

「高等学校学習指導要領（平成 30 年度告示）」の特別活動〔ホームルーム活動〕では、人間関係形成、社会参画、自己実現をめざすための目標と内容が書かれている。

私はこれらを育成するための土壌づくりとして、①生徒面談　②学級日誌　③学級通信の３つが重要だと考えている。どれも担任の裁量が大きいシャドーワークだが、生徒との信頼関係を構築することが、クラスの集団形成に大きな影響を与えると確信している。

ここでは①と②について私の実践を紹介したい。

①生徒面談の工夫

担任はクラスの生徒と顔を合わせても、小学校のように朝から夕方まで四六時中一緒

というわけではない。その分、授業時の取り組み方や掃除の時の声かけなどを通して交流が求められるし、学期始めや定期考査の後、または科目選択の際に個人面談をして、生徒一人一人の学校生活の過ごし方や、これからのあり方について話を聞くことになる。

　担任は、放課後に部活動指導や会議等を抱えている。従って短時間で効率よく実施するために、保護者が記載した「生徒カード」を見たり、「定期考査の成績結果」や「模擬試験の帳票」またはあらかじめ記入させた「科目選択希望用紙」などを持参させたりする。

　私は「文章完成法」という短文を書く質問紙を持参させ、それを見ながら対話を重ねた。本来は心理検査なのだが、刺激語に続けて自由にイメージを書いた文の全体像から、その生徒の志向性や考えの特徴が見えてくるので、生徒との話題に行き詰まることがなかった。

　さらに、面談の終わりには必ず「何か困っていることはある？」と問いかけることにしていた。

22	大部分の時間を	睡眠に使っているのなら、せめて夢は幸せな夢を見たいなあ。
23	結婚	して何年経っても、幸せでいられるような人々と巡り会いたい。
24	調子のよい時	程気をつけないとハメをはずすから、用心深く生きていこう。
25	どうしても私は	英語ができません。
26	家の人は	みんなまじめです。そして私もまじめです。
27	私が羨ましいのは	王道じゃないことをしているのに、しっかり結果も周りもついてきているそんな人。
28	年をとった時	にも、なんでも話せる友達がいたらいいな。
29	私が努力しているのは	行事でなるべく人に仕事を割り振れるようになること。
30	私が忘れられないのは	お世話になった先生方の顔。

「文章完成法」の記入例

刺激文（太字部分）は、精研式文章完成法テスト
SCT 成人用 用紙．金子書房より抜粋

　人は一番言いたいことを最後の最後まで胸の奥にしまっているものである。私のこの問いかけに、何人もの生徒が「実は……」と、クラスの人間関係や家族の悩みを話し出し、解決の糸口を一緒に探すことができた。

②学級日誌で全体指導

　高校生は傷つきやすい世代だ。友だちづきあいの苦手な生徒も、本当は友だちを求めている。やってみたいと思っているのに、自信が無くて動けない状態の生徒もいる。

　私は学級日誌の最初のページに日直当番表の名簿を貼り、そこへ「チーム 2A ― 勇気は実現する」と書いた。縁あってこのクラスになった生徒が、当番の時にこのスローガンを見て、それぞれ小さな勇気を積み重ねてもらいたい、と願ったからである。

　たいてい日直は名簿順で回すが、最初の生徒が「特になし」で記載すると、後の生徒もそれにならってしまう。そこでスローガンの次のページには書き方の例を載せて形式的な記述を避けるようにしたり、マンネリ化しないように日替わりの「質問」をラベルテープで貼り付けたりする工夫を施した。

学級日誌の良いところは、ある生徒の記述への返信が次々に読み継がれることで、担任の人となりやメッセージを全員に伝播させられる効果だろう。

クラスの授業時の様子を担任にどう伝えたいか、生徒の苦心がわかると微笑ましい。毎回気の利いたカットや先生の似顔絵で紙面を明るくする生徒には、そのセンスを褒めてあげたくなる。評価が数値化しにくいホームルーム活動の反応や、行事や進路に対する意識の高まり具合が把握できるのも、良い点として挙げられよう。

時に、日誌を紛失してしまう事件が起こることもある。また、人を傷つけるような言葉や、不愉快にさせるような書き込みがあったりすれば、公共心や人権について話題にできる絶好の契機だと考えている。

ある日の学級日誌（一例）

なお、「教育実習生」が日誌のコメント記載を通して生徒たちの見立てが上達し、生徒たちとの距離が一気に縮まったことも付け加えておく。

４．円滑な「話し合い活動」のために

生徒会活動の各種委員会が活発になる時期は、ロングホームルームの「話し合い活動」にたくさんの議題が下りてくる。私のクラスでは、あらかじめ背面黒板に「お題」コーナーを設けて、議題のある係や委員会は事前に内容を挙げておくことにしていた。それで見通しをもてると、ロングホームルーム内で話し合いの順番を入れ替えるといった融通を利かすことができた。

期限が迫っていて週１回のロングホームルームで足りない場合は、生徒が帰りの連絡の会の時に「話をさせてください」と申し出てくる。部活動に行きたくてそわそわしている生徒を相互にたしなめて、全員で粘り強く最適解を求め、投票で意見をまとめようとする姿勢は、小学校や中学校の経験がうまく生かされていると思った。

その活動で合意形成ができれば担任として評価の言葉を贈るし、もしも進行が滞った場合は適切なフォローを投げたり、場合によっては次週に持ち越したりもした。

またSNSで情報の共有をすると楽に思えるが、顔が見えないことによるトラブルが多発しているので、担任が立ち会う話し合いを貫いてきた。

　ちなみに、毎週のホームルーム活動と異なり、委員会活動は不定期に開催される場合がある。たとえば昼休みにお弁当持参で臨時の委員会が招集され、そのまま午後のロングホームルームに議題が持ち込まれると、担任の把握が不十分なまま提案が可決されてしまいかねない。

　残念ながら学校の職員室の組織は連携が不十分な所も残っている。日頃から委員会の進行具合や内容について、生徒会の顧問の先生から情報を入手しておくと安心だ。

5．個性は調和の中で輝く

　規律正しい生徒の姿を目の当たりにすると、見ている方も気分がよくなる。だが、実際のところ、休み時間を含めていつもそういう場面だけではない。どんな学校の生徒でも話を聞かなかったり、自分勝手な行動を慎めないで雰囲気を壊したりする生徒が存在する。

　そもそもホームルームは、目的を持った生徒が集う生徒会活動や部活動と異なり、学校側の都合でクラス編成された集団である。同じ年に生まれたとはいえ、ばらばらの個が集まって人間関係を作り、行事でひとつにまとまることができるのは、考えてみれば奇跡に近いことかもしれない。

　「行事は3割の生徒が動けば成功するよ」

　学生時代に教職課程の『特別活動論』を受講した際、集団づくりで高名な先生が言われた言葉を担任として実感したことがある。

　文化祭で参加する演目をミュージカルに決めた年は、生徒の個性をイメージした「当て書き」の台本を生徒たちで書くことになった。企画の代表者が「文化祭たより」を作ってきて、全員でそれを見ながら意見交換をして役柄を決定した。

　途中、大胆な演技を求められて尻込みする生徒や、夏の練習に出てこない生徒がいて、生徒のやる気が停滞する時期もあった。私はクラスの背面黒板に「個性は調和の中で輝く」とスローガンを掲げた。すると、リーダーとなる生徒がそれまでの係を「制作」「（ダブル）キャスト2班」「衣

クラス生徒の「文化祭たより」

装」「大道具」「小道具」の6つの班に再編成して割り振り、全員をどこかに所属させた。各々2人が班代表となり、上演までの流れや仕上がり具合を黒板に書き出して可視化し、相互の動きを概観できるようにした。

　各班のチームリーダー12人が牽引役となったのは、なるほど40人のクラスで3割の生徒が動いて全員の力を引き出し繋いだという計算になる。

　文化祭当日は担任の手を全く必要としなかった。初演は緊張からつまずくところばかり。すぐに反省会をして、キャストもスタッフも手直しに余念がない。次第に要所で笑いを取って客席と一体感を掴むと、終演時には盛大な拍手をもらっていた。自主的に担当を調整しあって、追加公演も開催した。残念ながら校内投票で次点となったが、やりきった後の清々しい生徒たちの笑顔を見て、彼らにとっては優勝に値する経験だったと思っている。

6．おわりに

　「3日・3月・3年」とは、社会人が仕事を覚える目安として広く世間で知られている言葉だ。しかし私は、人間理解力が高い教師の場合、「2年・2回目・2巡」がめどになるだろうと考えている。

　新任1年目は、着任早々学校組織や授業のやり方に慣れるまで誰でも精一杯だが、季節が冬になる頃、次年度の予算や教育課程の準備が始まっている。この段取りをあらかじめ知ることで、2年目の4月、5月が見通しをもって乗り切れるだろう。

　初めての担任でも、修学旅行などの大きな学年行事を担当したり、進路に関する公的書類を作成することになったりする。どれも間違いが許されない仕事で配慮が必要となる。

　だが2巡目の担任で3年生を送り出す時には、1巡目でやり残したことへの工夫改善なども視野に入れ、新たな「挑戦」ができるはずだ。

　不安を抱えた生徒や保護者の対応には、養護教諭のコーディネートで、心理面ではスクールカウンセラーが、福祉関係ではスクールソーシャルワーカーが協力してくれる時代になった。一人で抱えるのではなく、学年担任団でペアを組んだ指導も有効だろう。

　覚えていてもらいたいのは、学校は3月で区切りがつく世界だということである。

　また、長丁場を乗り切るために、休みの日に趣味を楽しんだり大切な人と過ごしたりするなどの豊かな時間を持ち、仕事の間に「句読点」を差し挟むことを忘れずにいてほしい。

コラム1
第3章の実践事例から学ぶ

　各事例を読んで、特別活動の意義や多様な指導方法等について話し合ってみよう。

●第1節（小学校・学級活動）の実践から
　　①学級会の教育的意義について
　　②学級会における児童の役割について
　　③学級活動における教師の効果的な助言指導について

●第2節（小学校・児童会活動）の実践から
　　①異年齢集団としての児童会活動の意義について
　　②児童に興味を持たせるための工夫について
　　③児童のリーダーシップの育成について

●第3節（小学校・クラブ活動）の実践から
　　①児童の主体性を育むクラブ活動のあり方について
　　②クラブ立ち上げの工夫について
　　③クラブ活動における教師の役割について

●第4節（小学校・学校行事）の実践から
　　①学校行事における体験活動の意義について
　　②学校行事における教師の役割と責任について
　　③宿泊行事の安全管理について

第3章　実践事例

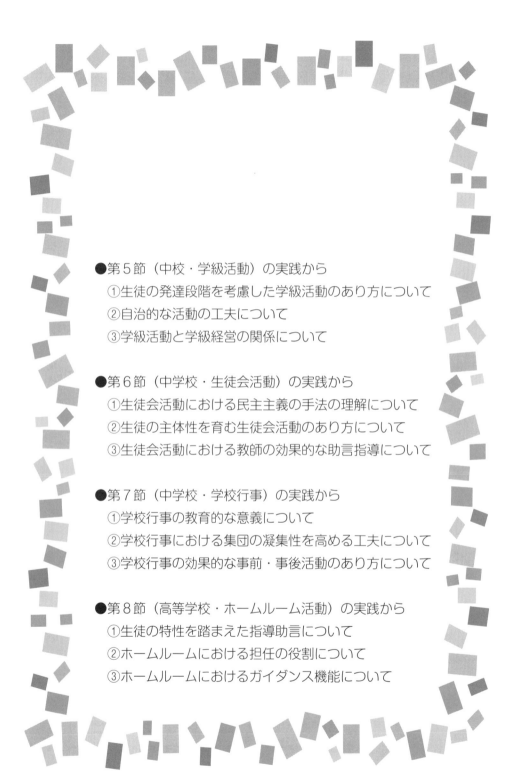

第3章　実践事例

～～*～*～*～*

第4章

～～*～*～*～*

指導実践論

～～*～*～*～*

第1節　ワークショップとファシリテーター

　学習指導要領に「主体的・対話的で深い学びの実現に向けた授業改善」が示されたように、今日の教育現場をみると、その学習方法は従来と大きく様変わりし、多様化の様相を呈している。学校教育では、教師の話を一方的に聞くスタイルの承り型学習が主流であったが、特別活動ではもともと、特に学級活動・ホームルーム活動を中心に話し合い活動が重視され、参加型学習が展開されるようになっている。参加型学習では児童生徒同士が意見交換をすることで、情報の流れが双方向になってきている。今後は、その情報の流れを多方向へ、すなわち、学校内での学習成果を地域社会へ伝えることで学びの定着度を向上させようとする動きも出てきている。ここでは参加型学習の一つであるワークショップを取り上げ、その教育的意義・効果を検討する。特別活動はワークショップ型の学びであることが理解できるだろう。

1．ワークショップとは

　ワークショップ workshop の辞書的な意味を調べると、大きく3つが出てくる。第一は、工作・修理などをする仕事場・作業場、職場、第二は、文学・芸術作品の創作方法、第三は、出席者に自主的に活動に参加する方式の講習会・研究集会である。本節でいうワークショップは、第三の意味でとらえている。

　ワークショップは、指導者が一方的に"教える"、学習者は指導者から"教えられる"という関係の学びの場ではない。学習者一人ひとりが主役であり、相互に意見交換しながら、その過程で気づきや学びを発展させていく。学習者全員が対等な立場にあり、固定化された"教える－教えられる"という形から脱却し、その関係が柔軟で流動的である。

　ワークショップはいくつかのグループから構成されることが多いが、グループ規模は5～6人が妥当である。10人を超える規模では、何も言わないでもその場をやり過ごしてしまう学習者が出てくる。他方、2～3人程度の少人数では、発言の機会は十分にあるかもしれないが、その内容に広がりが出にくい。そのため、発言する雰囲気を醸成しやすく、そこでの意見交換にも深みと広がりが出るような集団規模が適切である。なお、グループ学習の場だからといって、グループでの意見交換に終始する必要はない。個々人で考えをまとめる時間を確保し、その上でグループ学習に移行するなど、検討課題や時間などに応じて柔軟に活動形態を組み替えていく必要がある。また、意見交換の方法も、口頭で述べることもあれば、付箋（Post-it）などの用紙に記述することもある。

これも、適宜使い分けることで、効果的な合意形成が可能となる。

①アイスブレイク

　　ワークショップを行う上で、活動に先立ち行われるものにアイスブレイク ice-break がある。文字通り訳せば、氷を解かすという意味だが、緊張感を解きほぐす・その場の雰囲気を和やかにするという意味で用いる。グループのメンバーが相互にどういう人物なのかを知り、個々人が持っている心のバリアを少しでも払拭するための活動である。しばしば用いられる活動に、身体を触れ合わせてスキンシップをはかるもの、お互いに顔を見合わせて物を書いたり発言したりするものなどがある。具体的な技法は参考文献を参照されたい。このアイスブレイクは、その後のワークショップの運営や学習成果を大きく左右するものであるため、欠くことのできない活動である。

②振り返り

　　ワークショップそのものが魅力的な学習方法のため、学習成果が出るとそこで学習活動が停止してしまいがちであるが、大切なのはそこからである。当初の学習課題が何であったのかを改めて確認し、その課題解決に向けてどのような意見が出され、どういう過程を経て成果として出てきたのかを振り返ることが重要である。学習過程でキーワードなどのポイントがあったことに気づき、最終的な学習成果にどのように反映されたのか確認し、学習者で共有することは、学びや気づきを深めるために不可欠である。振り返りを抜きに、学習成果の高次定着を考えることはできない。

2．ワークショップの教育的意義・効果

①異年齢の学習者・様々な社会的背景の学習者の出会い・交流

　　学級・学年単位でワークショップを行う際は、同学年の児童生徒集団による活動が展開されるであろうが、異学年の児童生徒集団による活動も可能である。発達段階に応じて、課題のとらえ方や発言内容の濃淡に違いが生じるのは致し方ないにせよ、自分の考えを伝えることは可能である。そこでの活動を通して、年長者は年少者に対する配慮や理解を促すことが可能であり、人間関係形成能力を高める意味でも有効である。

　　また、学年が違う場合はもちろん、同学年であっても、それまで育ってきた家庭環境や社会環境、培ってきた人間関係、自然体験や生活体験などは異なって然るべ

第4章　指導実践論

きである。異なる社会的背景を持つ児童生徒が意見交換をすることは、新たな価値観と出会う契機になる。それは、物事を多角的・多面的にとらえる眼・頭を養うことにつながり、固定観念にとらわれない柔軟な思考力を伸長する効果がある。

②自己変容から集団変容、そして社会変容へ

未知なる世界に触れ合えば、考え方・思考方法に広がりが生まれやすい。それが積み重なれば、物事を認識する自分自身の枠組みにも変化が生じ、自己変容を導く。行動的側面の変化はすぐには期待できないかもしれないが、思考的側面の変化は着実に進む。個々人にとっては僅かな変化かもしれないが、集団になれば、さらに、その集団の変化が集まれば、それらから構成される社会に与える影響は大きくなる。ワークショップに起因する気づきの広がりと変化は、社会を変える原動力となり得るのである。

③コミュニケーション能力の向上～自己表現能力・他者受容能力の育成～

ワークショップの中で自由闊達(かったつ)な意見交換をするには、アイスブレイクによる雰囲気作りに始まり、活動中の学習者相互がいかに円滑にコミュニケーションするかに係ってくる。自分からの情報発信の面でいえば、思いや考えを素直に表現することが求められる。口頭でも記述でも、いかなる方法でも構わないので、自分の気持ちを表現することが重要である。他者からの情報受信については、いかなる意見でも、ありのままを受け入れることが大切である。人間は、通常、自分の意に反する・合わないものは拒否しがちであるが、それでは新たな前進がない。ワークショップの場では、間違った意見はなく、個々の意見が尊重されるという安心感を学習者に抱かせることが肝要である。不安なく自己表現ができ、他者受容できるようになれば、学習者のコミュニケーション能力は飛躍的に向上する。

④机上の理論の実践の場への誘い

ワークショップの学習成果は、机上の理論を理論として論じ合うのではなく、その理論をいかに実践に結び付けていくのかが重要になる。学校教育の現場に即せば、教科などで学んだ学習（理論）を、そのままで終わらせては実生活とリンクしてとらえることが困難である。そのため、ワークショップ型の特別活動を行い、理論を実践へとつなげる方途を探り、展開することで、児童生徒はより高い達成感を抱くとともに、学習成果の定着を格段に高めることが期待できる。

3．ファシリテーターとは

　ファシリテーター facilitator は、ファシリテート facilitate の名詞形であり、そのファシリテートは、事情が物事を容易にする・楽にする・促進（助長）するという意味である。

　ファシリテーターは、ワークショップを円滑に進めるための学習支援者のことである。従来の指導者や講師とは異なり、一方的な知識・技能を教授するわけではない。あくまでも、個々のグループ学習が円滑に進むように、適切な助言を与えたり、当初の課題に立ち返って学習を進める方向を軌道修正したりする役割を担う。ワークショップ全体が雰囲気よくなるように、快適な場づくりに努めることも役割の1つである。そうした役割を担うファシリテーターに求められる資質・能力として、次の三点が挙げられる。

①話題・情報提供力

　検討する課題・学習テーマに関して、一定程度の知識・理解を有し、それを踏まえた上で話題や情報を提供する力が求められる。グループ学習の土台となる話題・情報であることを認識し、ファシリテーター自身の独自な視点にもとづく見方・とらえ方を提示することが必要である。それが学習者の知的好奇心を刺激し、学習意欲の向上を促す話題・情報であれば、学習成果もそれを反映した魅力的なものになる。

②質問力

　ワークショップでは、学習成果を全体の場で発表する機会がある。そうした場面で、学習者同士の質疑応答と同様に、ファシリテーターからの質問も看過できない。学習者が見落としていた盲点、課題の核心に迫るような問いかけをすることで、学習者の学びが深まり、貴重な気づきが生まれる。そうした質問をするためには、常にグループ学習のプロセスを観察し、どういう過程から成果を導いたのか、各グループおよび全体の動向を正確に把握することが不可欠である。

③決断力・判断力

　ワークショップを進行する中で、当初の予定とは異なる展開になることがしばしばある。全体討議の場での話し合いが白熱してグループでの意見交換の時間が欠如したりするなど、様々な事態が生起する。ワークショップは、まさに"生きもの"である。そのため、ワークショップ全体の進行に時間的なゆとりを持たせておくと同時に、その時々の状況判断を適切に行いながら、学習者の気づきを促すインパクトのある話題・情報を準備し、万全を期すことが求められる。

第4章　指導実践論

4．教師論との関連から

2015（平成 27）年の中央教育審議会「これからの学校教育を担う教員の資質能力の向上について～学び合い、高め合う教員育成コミュニティの構築に向けて～（答申）」において、これからの時代の教員に求められる資質能力に、「アクティブ・ラーニングの視点からの授業改善」が示された。これは、ファシリテーターに求められる資質・能力に通じるものがある。

特別活動において、バズ・セッションやディベート、ロールプレイやアサーションなどの手法を取り入れた話し合い活動が行われてきたことは周知の通りである。いずれの手法も、ワークショップでも用いられるものであり、ここに特別活動がワークショップ型の学びであるという所以_{ゆえん}がある。一長一短の特徴あるそれぞれの手法を、学習内容や生徒の興味・関心、発達段階などに応じて、いかに使い分けるかは教師の手腕にかかってくる。その際、やったことがない・よくわからないからといった"食わず嫌い"的な理由から、特定の方法でしか学習を進めないことは問題である。教師は、自己研鑽を進め、教師自身が有している多種多様な学習方法の選択肢の中から、より適切なものを選定して児童生徒の学習支援にあたることが求められる。

さて、自分自身を知ろうとする際に用いられるものに「ジョハリの窓」がある。

図 4-1　ジョハリの窓

		自分は	
		知っている	知らない
他人は	知っている	A 開いた窓	C 見えない窓
	知らない	B 隠した窓	D 暗い窓

自分の気持ちを率直に話すことでAの窓が広がりBの窓が小さくなる。仲間からの率直な指摘を謙虚に聞くことでAの窓が広がりCの窓が小さくなる。そして、自分にも他人にもわからない無意識の領域であるDの窓が小さくなる。このDの窓は、未知の可能性を秘めた部分であり、人間が成長する上での源泉ともなり得る重要なものである。この窓に光を当てることで、自己洞察が深まり、成長へとつながる。

　児童生徒は、相互の信頼関係のもと、自己開示と他者受容を同時に行うことで成長を遂げることができる。ワークショップは、この成長に大きく寄与する可能性を有した学習方法である。今後ワークショップへの注目はより高まるであろうし、それに伴い、教師にはファシリテーターとしての資質・能力が求められるようになるのは必至であろう。

　ワークショップは特別活動のみならず、各教科、特別の教科・道徳、総合的な学習（探究）の時間などにも有用な方法である。

参考文献
　中野民夫著『ワークショップ～新しい学びと創造の場～』岩波新書、2001

　廣瀬隆人・林義樹・澤田実・小野三津子著『生涯学習支援のための参加型学習のすすめ方～「参加」から「参画」へ～』ぎょうせい、2000

第２節　構成的グループエンカウンター

　特別活動の活動形態のうち、学習や活動の方法においてはディベート、ロールプレイ、バズセッション、パネルディスカッションなどのほか、近年は構成的グループエンカウンターが多くの現場に導入され定着している。

１．構成的グループエンカウンターとは

　エンカウンター（encounter）は「出会い」「遭遇」という意味の英語である。何と出会うのか。それはホンネである。グループエンカウンターとは、集団においてお互いがお互いのホンネと出会い、さまざまなことに気づき、また学ぶことで認識の広がりや認識の仕方が変わることを期待し、その結果として人格や行動の変容を促そうとするこころみのことである。

　このエンカウンターには二種類ある。ベーシックエンカウンター（非構成的グループエンカウンター）と構成的グループエンカウンターである。

①ベーシックエンカウンター（非構成的グループエンカウンター）

　　フリートーキング形式のもの。「さあ、皆さんどうぞご自由に」とファシリテーター（前項参照）が告げたあとは、参加メンバーがそこですることの内容や方法を決めていくもの。

第４章　指導実践論

②**構成的グループエンカウンター（SGE：Structured Group Encounter）**

　　時間やグループの人数、グループ構成などの枠組みを設け、そこでファシリテーターが提示した課題を行うもの。

　　前者のベーシックエンカウンターでは何十分も沈黙が続くこともある。その沈黙の重さや苦痛を乗り越えて、お互いに関係を持とうとするところから、かなり深いホンネの交流が行われることになる。ところが時間的な制約がある状況では展開しにくかったり、自己開示がうまくなされないまま終了時間となるメンバーや、ホンネの交流があまりに刺激が強すぎて心的ダメージを受けるメンバーが出たりすることがある。そのような状況に際してはファシリテーターは介入をこころみることになるが、そこではカウンセリング心理学的な専門知識と技法が必要となる。そこである程度の枠組みや課題（エクササイズ）をファシリテーターが提供することで、危険を避けて効率よく展開しようとするのが後者の構成的グループエンカウンターなのである。この方式を採用した場合、ファシリテーターはそれほどカウンセリング心理学的な専門性が高くなくてもエクササイズの進め方と基本的な注意事項さえ知っていればかなり手軽に展開することが可能である。

　以上のことから、日本の学校教育において「エンカウンター」といえば後者の構成的グループエンカウンターとそのエクササイズを指すほどこの手法が一般的になっている。

2．教育界と構成的グループエンカウンター（SGE）

①**なぜ教育界において構成的グループエンカウンターが注目され、導入されているのか**

　　現在の学校が抱える問題として、児童生徒達が集団に所属したがらない集団離れの傾向があること、集団と関わろうとしない社会性の欠如が見られること、対人関係の調整がうまくいかない、もしくはしようとしない、したくてもできないなどコミュニケーションスキルの低下が顕著であることなどが挙げられる。岡田弘は学校教育にエンカウンターを導入する目的と効果について、以下のような項目を挙げている。

　　　■目的
　　　・自己防衛しない援助的な人間関係づくり
　　　・あるがままの自分を、友達を、受容する手だて

・生きる力、問題を解決する力を培う人間関係作り

・感情を豊かに表現させて、毎日の生活の充実感を高める

・学校カウンセリングの推進

（保護者や児童生徒からの相談が増えたり、保護者同士がグループ活動をし合うようになったりする）

■効果

・不登校・いじめの予防

・コミュニケーションづくり

・教師と生徒のリレーションづくり

■構成的グループエンカウンターにおけるエクササイズの6つのねらい

・自己理解、他者理解、自己受容、自己主張、信頼体験、感受性の促進

②どんな教育活動に

　構成的グループエンカウンターは、もちろん教育相談や生活指導の手がかりとしてもっともなじむものである。しかしそれ以外にも活用範囲は広い。道徳教育においては道徳の内容の4本柱のうち、「主として自分自身に関すること」「主として他の人とのかかわりに関すること」のふたつにアプローチする手がかりとしてふさわしいものであるといえよう。特別活動においてはいうまでもない。集団活動と個人、また個人と個人との関わりについて集団のなかから学び、その関係を深めるための有力な手段として構成的グループエンカウンターは特別活動でこそ広く用いられるべきである。特に学級活動や、各行事におけるグループの人間関係づくりなどにこそ最も活用すべきである。

　具体的には、学級活動、朝や帰りの会、道徳の時間、学年集会、長期休業中の登校日、各教科の授業内容に応じて、学校行事（とくに「宿泊を伴う行事」の事前指導で）、といった機会に用いることでそれらの教育効果を高める効果が期待できる。また、保護者会や教員研修会のはじめに行うことで、その後の進行が円滑になる。

③実施時期とエクササイズの内容

　それではどのような時期に、どのようなエクササイズを行うべきなのであろうか。

［1学期］まず新しいメンバー同士、お互いを知るエクササイズがふさわしいであろう。相互に認め合い、新しい人間関係を築くものを選ぶようにする。

［2学期］新しい環境に落ち着いてきたところでゆとりをもって自身を見つめ、自

己理解を深めるようなエクササイズや、他人を客観的に把握するようなものを考える。特に1学期に培った人間関係を下敷きにして行うものが良い。

［3学期］自己理解や他者からの指摘などで把握した、自身の問題を克服するための社会的スキル・トレーニングとなるようなエクササイズが良い。また進級や卒業に際して締めくくりとなるようなものもふさわしい。

3．構成的グループエンカウンター実施の流れ

学校の教育活動において、構成的グループエンカウンターは次のように展開されることが多い。

①この時間の目的を説明

できるだけ具体的に。「ほとんどはじめて顔を合わせるみんなが仲良くなっていくきっかけづくりの時間にしたい」など。

②この時間でやること（内容）の説明（インストラクション）

エクササイズのねらい、内容、ルールを簡単に説明する。

③課題を実際にやってみせる（デモンストレーション）

どんなエクササイズをどうやるか、そこでどのように行動するかについて説明するよりも実際にやって見せた方が効果は高い。また教師の本音を出して見せることで、自己開示のモデルになると同時に児童生徒や保護者等とのリレーション作りにも役立つものである。

④課題の実施（エクササイズ）

課題遂行中には、教師は細心の注意をはらって各グループの雰囲気を感じ取ろうとしなければならない。メンバーがエクササイズを意図的に妨害しようとしたり、心的ダメージを受ける危険が生じた場合には、速やかに介入する必要がある。

⑤感じたこと、気づいたことをふりかえり、メンバーとわかちあう（シェアリング）

構成的グループエンカウンターにおいてもっとも重要なものがこのシェアリングの時間である。エクササイズを実施したグループごとに「今のエクササイズをおこなって、そこで感じたこと、気づいたこと、学んだことなどを何でも話し合ってください」との指示のもとで話し合いを行う。

⑥まとめ

最後に教師がその時間のまとめを行う。

本時の目的をふりかえり、児童生徒の中でとくに良かった気づきや反省点などを簡単にまとめ、次回につながるようにする。また様子のおかしい生徒がいた場合には、すみやかに個別に対応するべきである。

4．構成的グループエンカウンターのエクササイズ例

［じゃんけんあいさつ］

立った状態で全員でじゃんけんをする。勝った方が自己紹介をする。相手を変えながら10分程度おこない、最後に5回以上勝った人に挙手してもらい、皆で拍手。

じゃんけんという手がかりを用いて気持ちをほぐしながら自己紹介を行う。

［ブラインドウォーク］

二人組で一方が目隠しをしてもう一方がそれを誘導する（手をつないでも肘を支えてもよい）。教室内をぶつからないようにお互い無言で歩き、教師の指示で交代する。

自分を人に任せきる体験と他人に優しさを出す体験を行う、SGEの定番エクササイズである。

［好きなものが好き］

教師の指示「好きな○○について思い浮かべてください」好きな芸能人、好きな歌、好きなスポーツなどいろいろ。そのあとで、「○○の好きな○○です」と自分の名前を後につけて自己紹介する。3分間にできるだけ多くのひとと自己紹介をする。

自分の価値観を相手に伝える練習をする。また他者の価値観を受け容れる経験をする。

［取材つき他己紹介］

あらかじめ質問項目（好きな／嫌いな食べ物、好きな色、好きなこと、自身の良い／良くないところ、そしてそれぞれについての「その理由」）を印刷したワークシートを配布。ペアになって相手に質問項目に沿ってインタビューし、近く（前後・左右など）のペアと4人組になって、互いに他己紹介をし合う。

他者に興味・関心を持ち知ろうとする行動をとる。他者の価値感を大事に扱い、他者に伝える。

［こころの肩たたき］

ふたりペアになって、1分ずつ肩をたたきあう。肩もみでも、できる人はマッサージでもよい。ただし、相手に心地よくなってもらおうという気持ちが伝わるように行うこと。

第4章 指導実践論

スキンシップと感情の体感のエクササイズである。肉体的接触を嫌がる生徒もいるので、そのような場合には実施しなくて良いことを予め告げておくこと。

［無言でお絵かき］

4人グループになり、机を寄せたらクレヨン1箱と画用紙（模造紙）1枚を配布。リーダーを選ばせてルールの板書確認。「制限時間15分」「無言で」「全員が描く」タイトルを考えながらまとまりのある絵を描く」非言語的表現を用いて意思疎通をしながら絵を完成させる。時間が来たら話し合いでタイトルを決め、リーダーが代表して発表する。

身振り手振りなどの非言語的表現もコミュニケーションの重要な要素であることを学ぶとともに、自己開示の手段となることを体験的に学ぶ。

※これらのエクササイズのあとには、必ずシェアリングを行うことが大切である。グループなどでのシェアリングが十分にとれないような場合には、ワークシートなどに感想を記入させ、別な時間に紹介するなどすると良い。

参考文献

國分康孝『エンカウンター』誠信書房、1981

國分康孝他著『エンカウンターとは何か』図書文化、2000

岡田弘「学校教育での目的と効果」、國分康孝監修・片野智治編集『エンカウンターで学級が変わる』中学校編、図書文化、1996

吉澤克彦編著『構成的グループエンカウンターミニエクササイズ50』明治図書、2001

第3節 ボランティア活動

1. ボランティア活動とその学び

ボランティア活動がさかんになってきている。1995（平成7）年の阪神淡路大震災後の復興ボランティアに130万人、1998年の長野オリンピックには大会運営のボランティアに3万5千人がかけつけたといわれている。もちろん、ボランティア活動は、このような災害時や大きなイベントに限らず、日常的な生活圏では社会福祉や環境の分野などで以前からも行われていたものである。

ボランティア活動が、教育の分野で注目されてきたのは、その行為が単に社会や他者の役に立つということにとどまらず、本人にとっての意味も強調されるようになったからである。たとえば、主体性、社会性を養うことや自己肯定感、社会的有用感を得る機会になりうるという視点である。

　ボランティア活動には、社会的課題に対して、それを他人のことと考えず、自らのできる範囲で解決策を模索し、実行し、その過程で他者と向き合いながら、他者と自分を包含する社会を少しでもよりよい方向へ導いていこうとする機能（社会活性化機能）がある。こうしたことから、活動にかかわった本人が、その過程で、多様な他者と出会い、ふれあい、新たな価値を獲得したり、自らの生き方を他者とのかかわりのなかから考えたりする機会につながる機能（自己活性化機能）を有している。

　都市化、機械化された現代社会のなかで、児童生徒が「人や社会とかかわる」機会を意図的に創出することは重要な意味をもつ。青少年の社会性の不足やコミュニケーション能力の低下などが指摘されるようになってきているからである。

２．ボランティア活動と特別活動

　学習指導要領には、1998（平成10）年、1999（平成11）年版のものに初めてボランティア活動という言葉が登場した。2017（平成29）年告示の中学校学習指導要領には中学校のものでは全体で３か所あるが、そのうち２か所が特別活動のなかにある。
〔生徒会活動〕
「(3) ボランティア活動などの社会参画
　地域や社会の課題を見いだし、具体的な対策を考え、実践し、地域や社会に参画できるようにすること。」
〔学校行事〕
「(5) 勤労生産・奉仕的行事
　勤労の尊さや生産の喜びを体得し、職場体験活動などの勤労観・職業観に関わる啓発的な体験が得られるようにするとともに、共に助け合って生きることの喜びを体得し、ボランティア活動などの社会奉仕の精神を養う体験が得られるようにすること。」

　このように、ボランティア活動は、中学校の場合、特別活動の生徒会活動と学校行事で行うことになっている。生徒会活動においては、例えば災害時の復興ボランティア活動に取り組む学校もある。募金活動もその一つである。また、ペットボトルのキャップを集めて必要としている団体に寄附する活動も行われている。学校行事においては、近隣の社会福祉施設での交流など、多様な活動が行われている。いずれも生徒の発想を生かした主体的な取り組みが、地域から評価され、生徒の自己肯定感を育む機会にもなっているのである。なお、ボランティア活動は、生徒たちの具体的な行動を想定しているわけであるから、体験を通して学ぶ特別活動が、その主要な領域になっていることは頷

けることである。また、特別活動が目標としている生徒の自主的・実践的態度を育てることにもかかわる教育活動になりうる点からも、ボランティア活動の導入が図られたと見ることができる。（長沼豊「特別活動におけるボランティア学習の意義について」、『日本特別活動学会紀要第6号』、23-34頁、1997年）

3．ボランティアとは

　ボランティア（volunteer）の語源は、ラテン語で自由意志を表すvoloやvoluntasといわれ、自らの意志で行動する人、またはその行為をさす。一般的には自主性（自発性）、無償性（非営利性）、公共性（公益性）、先駆性（創造性）の4つを特性としている。このことから、単に自発的になされるというだけでなく、その行為が社会的に意味をもつ場合をさす。

　しかし、もともとはボランタリーな行為をさしていたわけであるから、今でも英語圏の英国や米国では自ら行うちょっとした行為もボランティアとよぶ場合がある。たとえば、授業中に先生の発問に対して手を挙げて答える、という行為などである。日本ではボランティアというとボランティア活動をさすことが多いが、この言葉を文化のなかで育んできた地域では、もっと気軽な行為も含んでいるのである。

　日本にも「ちょボラ」という言葉がある。ちょっとしたボランティアという意味であり、テレビのCM（公共広告機構による）では、たまたま通りかかった人が道ばたに落ちていた空き缶をゴミ箱へ放り投げたり、小さい子が横断歩道を渡る時に、一緒に手を引いて歩いてくれたりする青年の姿が映し出されている。

　このように、ボランティア活動を身近な生活圏の行為として捉えれば、学校でそのきっかけを提示する場合にもずいぶん楽になる。何もすぐに福祉施設へ行かなくてもよいのである。ちなみに、ボランティア活動の分野を例示すれば、次のように15もある。

　①社会福祉、②自然・環境、③国際交流・協力、④スポーツ、⑤教育、⑥保健医療、⑦消費生活、⑧文化、⑨地域振興、⑩人権、⑪平和、⑫情報技術（IT）、⑬災害、⑭ボランティア活動の推進、⑮その他

　いずれも私たちの生活やまちづくりに欠かせない領域である。よくありがちな「福祉施設・募金・清掃の3パターン」から脱して、児童生徒の興味・関心を生かした多様な活動を行うことができるのである。

4．学校で行うのは「ボランティア学習」

　ボランティア活動は、自発的に他者や社会のために自分の時間等を提供する行為であるから、あくまでも自発的な行為であり、見返りを求めることはない。

　これに対して、学校で行う「ボランティア学習」は、しいていえば「学び」という見返りを内在させる教育的活動である。学習を通して自発的に社会や他者にかかわる方法や内容を知ることに重点がおかれる。学校という意図的・制度的な機関が行うものは自発的なボランティア活動ではない。あくまでもボランティア活動につながっていく「きっかけづくり」であり、ボランティア活動とは何かを知る学習ともいえる。

　したがって、自発的であるという、その生命線を極力失わない方向で考えつつ、教育活動の結果として自発性や主体性を育むように配慮することが求められるのである。たとえば、活動をすることは前提としつつも、何をするのか、どのように行うのかは児童生徒の興味・関心に応じて行うなど、創意工夫をするのである。「やらされて嫌になった」ではなく、「やらされたけれどおもしろかった」に導いていく仕掛け（内容と方法）が重要である（これは学校の他の教育活動も同様である）。

5．ボランティア学習の3つの学び

　学校で行うボランティア学習には、次の3つの理解を通した学びがある。

　第1は他者の理解である。ボランティア学習では、他者と関わる場面が必ずでてくる。そこでは、さまざまな考え方をもった人々との出会い、ふれあい、語り合いなどを通して、他者理解を深めることができる。自分とは環境や考え方の異なる人々の存在を知ることもあるだろう。これは、特に対人コミュニケーション能力が不足しているといわれる現代の児童生徒には有益である。

　第2は社会の理解である。ボランティア学習は、学習者が社会的課題を発見し、その解決策を模索し、主体的に動くことで、よりよい社会を創造することを目指すものである。つまり、社会のさまざまな事象を理解する機会を生徒たちに提供することになる。ボランティア学習の教育的意義は、学校で習うさまざまな知識や技能と、現実社会の諸問題の橋渡しをすることにある。知識注入型の授業による、現実世界と乖離（かいり）した知識の獲得の場合とは異なり、現実世界の生々しい諸課題と対峙（じ）することと、それを体験を通して知ることに意味があるのである。

　第3は自己の理解である。他者と関わる自己のありようをみつめることにより、自己理解を深めることになる。社会的存在として自己をとらえることで、生きる価値を見い

第4章　指導実践論

だしていくことにもつながるのである。ボランティア学習が、アイデンティティの確立期である中学・高校生の生徒にとって有益である理由は、ここにある。

　教育学者の佐藤学氏は、学びとは社会・仲間・自己の三者との対話を通して行われる営み（世界づくり、仲間づくり、自分探し）であるとしている（佐伯胖、藤田英典、佐藤学『学びへの誘い（シリーズ「学びと文化」1)』、東京大学出版会、1995年）。上記のようにボランティア学習も、この3つの対話が相互に媒介しあう学びである。

6．ボランティア学習のプロセス

　ボランティア学習では、学びの過程がきわめて重要になる。体験さえすれば児童生徒が変わる、というわけではない。体験したことを振り返り、自己のありようを振り返ることで、学びが自己のものとなるからである。その過程は「PARCDサイクル」であり、Preparation（準備学習）、Action（体験学習）、Reflection（振り返り学習）、Celebration（認め合い）、Diffusion（発信・提言）の5段階である。

　P段階では、動機づけと計画がおこなわれる。動機づけでは、児童生徒がどのような社会的課題に関心をもっているのかを確認する。何に興味・関心をもっているのかを自己確認することもボランティア学習にとっては重要な取り組みだからである。計画段階は、その興味・関心・こだわりを反映させて具体的に何をするのかを検討し、実行するまでのさまざまな準備をおこなう。事前の学習で興味を喚起するような取り組みをおこなえば効果的である。

　A段階は、活動体験である。ここでは三者とのかかわり（他者とのかかわり、社会とのかかわり、一緒に行動した仲間とのかかわり）を通しての学びがある。苦労して調査をしたり、介助などで失敗しそうになったりすることもあるかもしれないが、それらを通して他者を知り、自分を知り、社会を知る契機となるのである。学校を離れて活動することもあるため、視野も広がり社会的な体験が得られる場となりうる。なお、ボランティア学習では体験のみでは不十分である。体験したことを見つめ直し、自己理解や他者理解に役立てたり、さらに次の活動計画を自ら作成していく過程を創造することが重要である。「ボランティア学習」と呼ぶゆえんはここにある。

　R段階では、社会的課題の再発見と内省がおこなわれる。ここでは、視点が学習主体である児童生徒の「外と内」に向かっていくことになる。「自己の外への視点」としては、社会的課題の確認と再発見がある。たとえば、環境分野の活動をしてみて、さらに新たな課題が横たわっていることに気づくことがある。「自己の内への視点」としては、

ボランティア活動の主体者としての自己を振り返ることによって、ボランティア活動の意義を知ることなどがある。具体的には、感想文を書いたり、意見交換をしたり、発表したりすることである。

　C段階は極めて重要である。一緒にかかわった児童生徒同士や先生と、お世話になった活動の受け入れ先の人々との対話と感謝の認め合いが、自己肯定感と社会的有用感を高めるのである。児童生徒にとって、ありがとうの一言が心地よく感じられることも貴重な経験である。自分も役に立つ存在なのだ、という感覚を体感してもらうこともボランティア学習のねらいである。

　D段階は、学習したことをマスコミに紹介してもらったり、後輩向けに発表したりすること、社会的課題を行政に提言したり、解決策を提案したりすること等である。学習成果を社会に還元することで、単なる自己満足ではなくなるのである。

　このようなボランティア学習を学校で進める場合、教師の効果的なリード、コーディネート、ファシリテートが重要であることは言うまでもない。

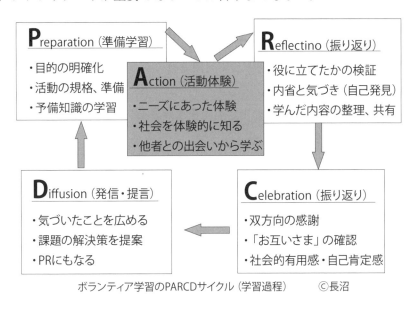

ボランティア学習のPARCDサイクル（学習過程）　　　©長沼

第4節 ディベート

　対人コミュニケーション能力の育成は、現代日本の教育に強く求められる内容のひとつである。学校教育は教師と児童生徒、児童生徒と児童生徒とのコミュニケーションを基盤として展開されるが、それを育み、円滑に機能させるための指導能力が教員に求め

られている。

「聞く力」「話す力」はすべてのコミュニケーションの基本であるが、それを身に付けるための方法として「話し合い方」と「話し方」のスキルを学ぶ方法が注目され、学校教育のさまざまな活動で用いられている。そのひとつがディベート（debate）である。

1．ディベートとは

ディベートの定義は論者によってさまざまである。「公の場において討論することである」、「議論を練習するためゲームである」、「論理的に思考する力とコミュニケーションのスキルを訓練するために討論する形式を用いたゲームである」。広辞苑には「あるテーマについて肯定側と否定側に分かれて行う討論。ジャッジが勝ち負けを宣する場合もある」とあるが、ここでは教育の場での活用を想定したうえで「あるテーマをもとに肯定側と否定側に分かれて、ルールに則って議論の優位性を競うゲーム形式の討論」などとする。

ディベートには個人対個人形式のものと集団対集団形式のものがあるが、学校教育では多くの場合後者を採用しているので、ここでも集団形式を想定してディベートをとりあげる。学校において教育効果を期待して展開されるディベートのことを教育ディベートと呼ぶこともある。

以上をふまえてディベートを構成する要素を挙げる。

1　明確な定義をもつひとつの論題（テーマ）をとりあげ

2　ランダムに肯定側・否定側に分かれ

3　討論の場にふさわしいルールにしたがい

4　客観的な証拠資料を用いて

5　同じ時間を用いて立論・反論（反駁・尋問）などを行い

6　自分たちの議論の優位性を第三者に示し

7　審判が勝ち負けを判定する

このような枠の中で、相手よりも自分の主張のほうがより優れているということを客観的な証拠をあげて論理的に証明する。これにより論理的思考を養い、「聞く力・話す力」の獲得による対人コミュニケーション能力の向上を期待して教育ディベートは行われる。

留意しておきたい点は、ディベートは「対立する側を論破してぐうの音も出なくした側が勝ち」なのではないこと。相手を論破するためではなく、ジャッジという第三者を納得させるために、「双方が同じ機会、同じ回数だけ発言を行うこと」などのルールが

用意されているのである。この点を勘違いしたまま参加する児童生徒がいると、ディベートの効果が低下することになる。

2．ディベートと特別活動

　ディベートにおける教育的な効果としては、「論理的に考える力の獲得」「物事を客観的・多角的にとらえる視点の獲得」「情報を収集・処理する力の獲得」「発表・表現する力の獲得」「他者と協力する力の獲得」「他者の話を聞く力の獲得」などがある。

　特別活動にディベートを取り入れるメリットは、肯定側・否定側という「役割」が生徒を守り、のびのびと発言できるようになる機会となることで、学級活動・ホームルーム活動をはじめとする特別活動の活動集団における人間関係づくり・雰囲気づくりに生かすことができる点をはじめとして、そこで獲得される力が諸活動の目的を達成させるうえでの基礎能力として活用が期待される点などがある。

3．ディベートの流れ

①ディベートに必要なもの、必要な役割

- ・時間…40分程度（小中高の場合は50分以内に終わるように構成されることが多い）。
- ・論題…論題の設定については後に詳述するが、「女子校は必要である」「死刑制度は廃止すべきである」など、「〜すべきである」のように明確な定義を示してきっぱりと言い切るものを選ぶ。
- ・論者…ディベートに直接参加する者を論者という。論題の示す内容に賛成する側を「肯定側」、反対する側を「否定側」と呼ぶ。また肯定派・否定派とも呼ばれる。それぞれ3〜5人程度の同人数で、各人が違う役割を担って参加することになる。たとえば3人での役割分担は、立論する者・反論する者・主張を要約する者、などとなる。
- ・司会…開会を告げ、肯定側・否定側の紹介と、進行スタッフの紹介をしたのち、論題とその意味するところについての説明を行う。進行中は制限時間を超えた発言を打ち切るなど円滑な議論の展開について責任を負い、最後に発言のルールに関する違反の有無を確認し、閉会を告げる。
- ・時計係（タイムキーパー）…2名もしくは4名。各側につき1〜2名が、それぞれの側に対面する形で着座し、残り時間を示す。

・審判…1〜数名。肯定側・否定側それぞれの主張を採点して勝敗を判定する。最後に講評する。

②ディベートの進行形式

ディベートの進行形式にはいくつかの形式がある。もっともシンプルなものは表1のようになる。

表1

肯定側	時間	否定側
立論	2分	
	2分	質疑
	2分	立論
質疑	2分	
準備時間	3分	準備時間
	2分	反駁
反駁	2分	
	判定	

進行形式の原則としては①「肯定側」で始まり「肯定側」で終わること、②双方の発言の機会と持ち時間とを同一にする、の2点である。また、表2・表3のような形式もある。

いずれの形式も「立論」と「反論」はかならず組み込まれている必要があるが、「質疑」や「反対尋問」などは形式によって入ったり入らなかったりする。

表2

肯定側	時間	否定側
立論	3分	
	3分	立論
準備時間	3分	準備時間
	3分	反駁
反駁	3分	
準備時間	3分	準備時間
	3分	最終弁論
最終弁論	3分	
	判定	

表3

肯定側	時間	否定側
立論	4分	
	4分	反駁
	4分	立論
反駁	4分	
準備時間	4分	準備時間
立論（2）	4分	
	4分	反駁（2）
	4分	立論（2）
反駁（2）	4分	
	判定	

4．ディベートの論題（テーマ）

　前述のように、ディベートの論題は明確な定義を示してきっぱりと肯定的に言い切るものを選ぶ。「～してはならない」「～すべきでない」というような否定形は混乱を招くおそれがあるので望ましくないとされている。

　論題は大きく三種に分類される。政策論題、事実論題、価値論題である。

①政策論題…本来は「憲法9条は改正すべきである」「日本はサマータイムを導入すべきである」などの主に政策に関する素材で、ある事柄を実施すべきか否かを議論する論題。

②事実論題…「霊は存在する」「現代社会は江戸時代よりストレスが多い」「邪馬台国は九州にあった」など、ある事柄が事実であるか否かを議論するための論題。

③価値論題…「動物園の動物は幸せである」「ペットにするなら犬より猫だ」「米はパンよりも朝食にふさわしい」など、ある事柄における価値を議論するための論題。

　この3種の論題のうち、すぐにとりかかれそうなものは「価値論題」であるが、客観的な資料の入手が難しいことがあったり、自分の側の主張を繰り返すに留まったりするおそれがある。しかし「まず発表に慣れさせる」、「議論というものに触れさせる」というような状況においては、なじみやすい論題といえよう。論理的思考能力を育むには「政策論題」が有効である。また政策論題のほうが、勝敗の判定を下しやすい。特別活動における政策論題としては、「修学旅行は廃止すべきである」「生徒は全員が部活動に所属すべきである」など、学校での生活にかかわる身近なテーマを取り上げる方が教育的効果が期待できるであろう。

5．教育ディベート実施上の留意点

①評価

　　参加した児童生徒の適切な評価を行うことではじめて、ディベートが教育ディベートとなる。何らかの形で評価を行うべきである。「論題についてどう思ったか」「実際にディベートの場に立って何が感じられたか」などのテーマを設定し、作文などを書かせて評価材料にすることが多い。

②現実と競技結果

　　「制服は廃止すべきである」のような校則に関する論題は身近なだけにとりつき易いが、肯定側が勝った場合に、児童生徒が「肯定側が勝ったのに、なんで制服を廃止しないのか」と不満を持つケースがある。ディベートの結果はあくまでも競技

第4章　指導実践論

上の優劣判定に過ぎず、現実世界の価値判断とは関係がないことを十分に認識させておく必要がある。「勝ったのは正しかったからではない。議論の組立て方がより上手だったからだ」などと説明する。

③礼儀と品性

ディベートの際に発奮の度が過ぎていたり、過剰に感情的になり過ぎる生徒の出現が予想される。対立側にからんだり、わざと見下すような態度をとらないよう、あらかじめ指導しておく必要がある。相手は「怨敵（おんてき）」ではなく、同じテーマで同じ技術を用いて競う「ライバル」であること、またその存在には自分たちのこれまでの努力を誇りに思うのと同じだけの敬意を払うべきであることなどを、あらかじめ確認しておくべきであろう。これはスポーツと同じである。「スポーツマンマンシップ」という児童生徒になじみのある言葉が活用できるであろう。

参考文献

佐藤喜久雄、田中美也子、尾崎俊明共著『教室ディベート入門』創拓社、1994

松本道弘『やさしいディベート入門』中経出版、1990

日本特別活動学会編『キーワードで拓く新しい特別活動』東洋館出版社、2000

第5節　学校行事の位置づけと指導の実際

小・中・高等学校ともに、週の時間割は、学校教育法施行規則または学習指導要領で定められた教科等の実施時間数に基づいて作成されている。その中で、特別活動として時間割表に位置づけられているのは、学級活動・ホームルーム活動（週1時間：年間35時間）だけである（小学校1年生のみ34時間）。

しかし、実際、教員の週案簿の授業実施時間数累計表には、「学校行事」の欄がある。様々な教育活動の中でも大切な「学校行事」は、時間割には表されていないが、どのように位置づけられ、時間数が計算されているのか。

1．学校行事の具体例と実施時間数

各学校での主な学校行事を5項目のタイプ別に挙げると、以下のようにまとめられる。

上記の儀式的行事の場合でいえば、入学式（1時間）、卒業式（2時間）、始業式（1/2

儀式的行事	入学式、卒業式、始業式、終業式、修了式、周年記念式典
文化的行事	映画鑑賞教室、演劇鑑賞教室、学芸会、学習発表会、音楽会展覧会、合唱コンクール、文化祭
健康安全・体育的行事	身体測定、健康診断、避難訓練、運動会、体育大会 球技大会、マラソン大会
旅行（遠足）・集団宿泊的行事	遠足、移動教室、修学旅行
勤労生産・奉仕的行事	栽培活動、地域清掃、落葉焚き（焼き芋会）、地域の高齢者施設等への訪問・交流活動、ボランティア活動

時間）、修了式（1/2 時間）、周年行事（1 時間）というように、学校行事の実施時間数が週案簿にカウント・記載されていく。

　月1回の実施が義務付けられている避難訓練（短時間）のように、1/3 時間と計算していくものもある。その他、半日行事の場合は4時間、1日行事の場合は最大6時間という位置づけで、3日間の宿泊行事の場合は、6 時間×3 日＝18 時間となる。

　実際には、小・中・高等学校とも、年間授業日は 200 日前後で、実施可能な総授業時間数は 1200 時間前後である。その中で、学校教育法施行規則または学習指導要領に示されている教科、特別の教科・道徳、総合的な学習（探究）の時間、学級活動等の「標準授業時間数」は、1000 時間前後〜1050 時間ほどである。

　学校行事の実施時間数は、学校・学年によって様々ではあるが、おおよそ 60 時間前後となる。それ以外の実施授業時間数（数十時間）が、実際には「余剰時間」として各教科等で使われていることになる。

　最近では、学力向上を重点として、授業時間数確保のために、学校行事の精選という取り組みがそれぞれの学校現場で強力に進められてきている。

2．健康安全に関する行事とは？

　「避難訓練」がその代表であり、火災や地震を想定した対応指導が毎月実施されている。特に 2011 年の東日本大震災以後は、全国各地で、大地震に備えた実践的な訓練が工夫されてきている。

　また、小学校においては、最近では「不審者対応」についての訓練が、短時間の扱いではなく、「セーフティ教室」のような形で1〜2時間使って行う学校が増えてきている。

　以下、小学校の健康安全教育年間計画例をあげる。

月	生活安全	交通安全	災害安全
4	・緊急連絡カード、保健カードの確認 ・決まりのある学校生活	・登下校の指導 ・交通安全教室	・火災時の避難経路と避難場所の確認
5	・定期健康診断 （内科、眼科、耳鼻科、歯科等）	・自転車教室	・地震発生時の対処の仕方
6	・水泳指導前の安全指導 ・熱中症、日射病への対応	・セーフティ教室	・第2避難経路の確認 （火災延焼への対応）
7	・不審者対応訓練 ・光化学スモッグへの対応	・地域での安全な過ごし方	・風水害、落雷への対応 ・地震火災への対応
9	・運動会へ向けて けがの防止、体調管理	・登下校の指導	・非常災害時における保護者への引き渡し
10	・遊び方や廊下の歩き方	・校外での遊び方	・休み時間の地震への対応
11	・（携帯）電話等への対応	・学区域内の危険個所安全マップづくり	・火災時や地震時の第2避難場所への移動
12	・インフルエンザの予防 ・冬休みの生活	・飛出し注意、自転車の乗り方	・朝の時間（担任不在時）の地震への対応
1	・不審電話への対応	・登下校の安全	・火災への対応（予告なし）
2	・校内外生活安全標語づくり	・交通安全標語づくり	・地震への対応（予告なし）
3	・1年間の反省	・1年間の反省	・災害時の対応（予告なし）

3．学校行事の実施にあたっての留意点～「遠足」を例にして～

①企画・計画

　　校長の学校経営方針（体力をつけさせたい、豊かな自然体験をさせたいなど）を受けて、実施学年に応じた目的・ねらいのもとで、目的地を選定する。安全性・有効性を考え、教員間の理解や保護者の理解が得られる実施案を立てる。

②事前の準備

　目的地、交通手段、所要時間、相手先や見学場所・料金、活動場所や形態（全体行動、グループ行動）、コース設定、時間配分、見どころ、学びどころ等を検討する。詳細なプランづくり、ねらいの共通理解を図り、教員の役割・分担・協力体制をつくる。

　実地踏査（下見）では、配慮を必要とする児童生徒への対応や、危険個所・トイレの場所、天候悪化の場合の対応、集合場所や集団行動時（移動時）の教員の立ち位置等について確認する。

　電車利用の場合は、最寄駅に2週間以上前に「団体乗車券申込書」（校長の職印を押したもの）を提出する。バス利用の場合は、業者や事務室担当者と日程、目的地、バスの台数等について確認しておく。

　公立学校の場合は、2週間以上前に「学校行事（遠足）実施届」を教育委員会へ提出する。

　なお、遠足のお知らせや事前の集金については、学年だより等で保護者へ周知する。

③事前指導

　しおりを作成する。ねらいやめあて、日時、行程・コース（雨天時対応も含め）、もちもの、安全面等気をつけること、グループ行動、係活動、当日（朝）の連絡体制などを確認する。

　合わせて、引率教員全員による打ち合わせを直前に行う。

④実践（遠足当日）

　児童生徒の出欠を確認する。出発式（あいさつ、校長先生のお話、担当教員からの連絡）の後、打ち合わせた順番で駅へ向かう（またはバスへ乗り込む）。

　電車の団体乗車券購入は、あらかじめ担当者が駅に電話を入れ、早めに学校を出発して児童生徒を待ち受けるようにすると待ち時間のロスがなく、スムーズに乗車できる。

　万が一「雨天延期」の場合は、新たな実施期日について、駅や（業者や）相手先に連絡する。

　駅のホームでは、児童生徒の並び方や教員の立つ位置に配慮する。電車の乗り降りの際は、児童生徒の安全を第一に考え、目を離さない。先に児童生徒といっしょに電車に乗る教員と、最後に児童生徒が乗ったのを見届けてから電車に乗る教員を

第4章　指導実践論

あらかじめ確認しておく。電車から降りるときも、同様にして安全確保を図る。

見学場所や相手先でのマナーはもちろん、電車内のマナーは、まさに遠足のねらいが最も具現化される場面である。車内混雑時をはじめ、座席に座る・座らないの対応、優先席や高齢者への配慮などについては、事前指導を徹底しておく。

歩く（移動の）ときに前後の確認や列が広がらない指導等の安全確保と合わせて、交差点や横断歩道を渡る際も、児童生徒全員が渡り切る最後まで担当教員が見守るようにする。

トイレや給水については、ポイントごとに、時間や場所などの明確な指示を出す。

昼食時や自由行動時は、何時まで、どの範囲まで、どの場所に再集合するのか、トイレの場所や再集合前に済ませておくこと、ごみの持ち帰り等、的確な指示をしてから行動に移らせる。

遠足途中での天候急変や児童生徒の体調変化等についての緊急の危機管理体制、学校や保護者への連絡等については、事前の確認通りに、校長の判断のもと迅速に対応する。

電車事故や交通渋滞などにより予定通りに帰校できない場合、特に大幅に時刻が遅れるときは、学校から保護者へ緊急連絡できるようにしておく。

帰校（解散）式では、児童生徒のよかったことを取り上げる（場合によっては課題も）とともに、「家に帰るまでが遠足である」ことを伝え、最後まで児童生徒の安全への注意喚起に努める。

欠席（病欠）の児童生徒がいた場合は、後で、体調の様子等について連絡をとっておくことも大切である。

⑤ **事後指導**

児童生徒が下校した後、引率教員による反省会を行う。それは、児童生徒全員が無事に家に帰り着くまでの時間の有効活用でもある。遠足についての振り返り評価（学校として、学年として、教員として、児童生徒の様子等）は、以降の学習への発展や学級・学年活動へ生かしていくことにつながる。次年度の実施学年の参考にもなるものである。

なお、遠足の様子についての報告は、学級通信のほかに、学年だよりで会計報告と合わせて、保護者へ通知する。

活動内容によっては、見学先（相手先）へお礼の電話をしたり、児童生徒のカードをまとめて送ったりすることも忘れてはならない。

第6節 特別活動における環境教育と自然体験活動

1．学校における環境教育

　環境教育とは、教育によって環境問題解決をねらう試みで、人や生き物とそれを取り巻く環境との関係に様々な課題が生じてきたことから、その必要性が高まってきた教育活動である。（日本環境教育学会編『環境教育辞典』教育出版、2013年）

　1980年代後半以降、人々の地球的規模での環境問題への関心に後押しされて、環境庁（現・環境省）や文部省（現・文部科学省）は、環境教育の検討会設置や、講演会・教師研修会などの普及活動に熱心に取り組みだした。1992年にブラジルのリオ・デ・ジャネイロで開かれた「国連環境と開発会議」では、環境教育の重要性も議論され、宣言に盛り込まれた。これを受けて国内では、1993年に環境基本法が制定され、その中に環境教育も位置づけられた。1991年〜93年には文部省が環境教育指導資料を発行し、地球環境問題や持続的開発の概念などを意識して、「環境に配慮することができる人間の育成」「持続社会への転換」を謳い、知識だけの環境教育からの脱却をめざした。

　このような中、長らく環境教育の体系やカリキュラム編成の枠組みの基礎となってきたのは、アメリカの環境教育学者LUCUS（1972）のin・about・forの考え方である。

Education in Environment	環境の中での教育
Education about Environment	環境についての教育
Education for Environment	環境のための教育

　LUCUSは「in」は直接体験による感性学習、「about」の知識・技術学習、「for」の問題解決のための行動・参加学習という3つの環境教育の場を設定し、この3つの環境教育の場は、人間（文化・社会領域）と自然（環境）との両者に対して「〜の中で」「〜について」「〜のために」の環境教育とも表現できるとした。どのような発達段階においても、これら3つの場が設定されることが必要であるが、学習者の発達段階に応じて強調されるものが異なり、幼児期では感性学習、その後の学童期では知識・技術学習に重点が置かれ、成人期では、行動・参加学習が主の環境教育となる。

　しかし、発達段階に応じた展開が基本であるとしながらも、一方でin・about・forは、各学校の状況の中で場に応じて使いわけられたり、in・about・forの流れを各発達段階それぞれの中で行ったり、それを繰り返していくなど、教育現場でいろいろな使い方がなされているのが現状である。

第4章　指導実践論

では、教育現場ではどのような環境教育が実践されているのであろうか？

全国の小中学校の環境教育の多くの実践事例は次のように分類できる。

・自然体験型……自然体験活動から地域の自然を知り地域自然を保全する活動に
つなげてゆく。（自然観察　ホタル・メダカなどの保護　里山の
保全など）

・郷土学習型……郷土の見直し・郷土文化から地域環境を考えてゆく。
（伝統文化体験　地域の高齢者との交流など）

・環境美化型……学校や地域の美化活動から環境美化に対する意識を高める。
（花壇作り・クリーン作戦など）

・ゴミ・リサイクル型……ゴミ拾い・リサイクル活動から自分たちの生活を見直
す。（空き缶・牛乳パックのリサイクルなど）

・学校改造型……学校の環境を改善してゆくことで、主体的に環境改善してゆく大
切さを理解する。（ビオトープ・校庭改造など）

・環境調査型……地域環境調査の実施や国際的な調査に参加することから、環境保
全の意識を高める。（環境省が行っている調査や自治体・NGO の
調査に参加するなど。）

・総合型…………上記の活動を総合的に組み合わせ、総合的な学習の時間を中心と
して特別活動・各教科などを利用して学校ぐるみで行う。またイ
ンターネットを活用し国際交流や情報教育に絡めて、グローバル
教育として実践する。

このような実践事例の中で、学校現場では「総合型」の事例が増えつつある。これは
「総合的な学習の時間」が環境教育を行う上での中心的な役割をはたしていること・環
境教育と開発教育などとの共通点が見いだされ、ESD（持続可能な開発のための教育）
として学校現場に浸透してきたことなどが要因である。

また、地域社会や社会教育関係団体等と関わりながら実践を行う学校も増えてきてい
る。各都道府県や市町村などでは環境教育にかかわる人材リスト（環境教育アドバイ
ザー・サポーターなど）を作成して各学校に派遣したり、学校側が講師として呼んだり
することができるシステムができつつある。

環境教育・ESD の実践は、学校の中だけで行うのではなく、地域の方々や社会教育
関係団体等とも関わりながら、より総合的な実践へと変わりつつある。

２．特別活動における環境教育

　小学校学習指導要領では、特別活動において育成を目指す資質・能力や、それらを育成するための学習過程の在り方を「人間関係形成」、「社会参画」、「自己実現」の三つの視点で整理しており、特に「社会参画」においては、「学校は一つの小さな社会であると同時に、様々な集団から構成される。学校内の様々な集団における活動に関わることが、地域や社会に対する参画、持続可能な社会の担い手となっていくことにもつながっていく。」と述べられており、持続可能な環境や社会の実現に向けた環境教育の目標とも合致するものである。

　国立教育政策研究所『環境教育指導資料（小学校編）』東洋館出版社、2007年によると、「特別活動は、各教科や道徳、総合的な学習の時間との関連を図るとともに、四つの内容について、調和のとれた指導計画を作成し、実施するものである。特別活動を通して環境教育を進める際には、「望ましい集団活動を通して」や「なすことによって学ぶ」といった特別活動の特質を生かして、積極的に計画し実施していくことが望ましい。」と述べられている。

　以下は、環境教育指導資料に書かれている、小学校特別活動の4つの内容と環境教育との関わりをまとめたものである。

小学校特別活動における環境教育

	環境教育との関わり	具体的な活動
学級活動	自分たちが生活する学級などの環境づくりについて話し合い、協力して取り組み、自らよりよい環境をつくろうとする意欲や態度を育てる	美化活動、学級での栽培活動や清掃活動など
児童会活動	学校生活の充実と向上のために諸問題を話し合い、協力して解決を図る活動を行い、環境保全にかかわる活動に主体的に参加する意欲や態度を育てる	美化活動・緑化運動、リサイクル活動、省エネルギー対策などの委員会を設置など
クラブ活動	自発的、自治的な活動を大切にし、興味・関心を生かすよう配慮して行う	自然観察クラブ等の環境教育に関係するクラブを設置など
学校行事	様々な人々との触れ合い、自然体験や社会体験などを通して、環境に対する豊かな感受性の育成や環境に働き掛ける実践力の育成などをはぐくむ	職場体験・ボランティア活動などの社会体験や自然体験、文化や芸術に親しむ体験、幼児、高齢者、障

第**4**章　指導実践論

また、集団への所属感や連帯感を深め、公共の精神を養い、協力してよりよい学校生活を築こうとする自主的、実践的な態度を育てる	害のある人々と触れ合う活動

3．学校行事における自然体験活動

　自然体験活動とは、キャンプ・ハイキング・スキー・カヌーといった野外活動や、動植物観察・天体観察などの自然・環境学習活動、自然物を使った工作、自然の中の音楽会など自然の中で行う様々な活動の総称であり、環境教育の in・about・for では「in」を中心とする活動である。NPO 法人自然体験活動推進協議会は以下のような自然体験活動憲章を制定している（2000 年）。これは自然体験活動の教育効果とも考えられる。

自然体験活動憲章（NPO 法人自然体験活動推進協議会（CONE））
一、自然体験活動は、自然のなかで遊び学び、感動するよろこびを伝えます。
二、自然体験活動は、自然への理解を深め、自然を大切にする気持ちを育てます。
三、自然体験活動は、ゆたかな人間性、心のかよった人と人のつながりを創ります。
四、自然体験活動は、人と自然が共存する文化・社会を創造します。
五、自然体験活動は、自然の力と活動にともなう危険性を理解し、安全への意識を
　　高めます。

　文部科学省は、近年の子どもをめぐる問題行動等の課題の背景として「自然や地域社会と深く関わる機会の減少」「集団活動の不足」「物事を探索し、吟味する機会の減少」「地域や家庭の教育力の低下」を挙げている。このような問題の対策として、ボランティア活動など社会奉仕体験活動の充実と共に、「自然体験活動の充実」が述べられている。自然体験活動は環境教育としてだけでなく、他の多くの教育課題の解決の糸口になるとも考えられているのである。

　さて現場では、特別活動の遠足・集団宿泊的行事の中で自然体験活動が実践されることが多い。遠足・集団宿泊的行事のねらいと内容については、小学校学習指導要領において、「自然の中での集団宿泊活動などの平素と異なる生活環境にあって，見聞を広め，自然や文化などに親しむとともに，よりよい人間関係を築くなどの集団生活の在り方や公衆道徳などについての体験を積むことができるようにすること。」とも述べられており、まさに自然体験活動を行う場である。

　集団宿泊活動と自然体験活動と組み合わせて実践する場合が多いが、そこに、社会体

験活動や総合的な学習の時間・教科学習の時間も設定して、環境学習・ESD としてより総合的な活動として実践される傾向がある。

引用・参考文献

　日本環境教育学会編『環境教育辞典』教育出版、2013

　LUCAS Arthur Maurfis『ENVIRONMENT AND ENVIRONMENTAL EDUCATION：CONCEPTUAL ISSUES AND CURRICULUM INPLICATIONS』The Ohio State University,1972

　飯沼慶一「第 4 部Ｉ－ 1 小学校における実践の成果と課題」『よくわかる環境教育』ミネルヴァ書房、2013

　国立教育政策研究所教育課程研究センター『環境教育指導資料　小学校編』東洋館出版社、2009

　文部科学省『小学校学習指導要領（平成 28 年告示）解説　特別活動編』東洋館出版社、2017

　自然体験活動推進協議会 HP　「自然体験活動憲章」http://cone.jp/about/charter/ 2018 年 6 月 20 日閲覧

　文部科学省 HP「体験活動の教育的意義」
　http://www.mext.go.jp/a_menu/shotou/seitoshidou/04121502/055/003.htm　　2018 年 6 月 20 日閲覧

第 7 節　特別活動におけるシティズンシップ教育

第4章 指導実践論

1．シティズンシップ、シティズンシップ教育とは

　シティズンシップ citizenship には 2 つの定義がある。1 つは「市民権」であり、国によって国民の一員と認められることを指す。もう 1 つは共同体に属することで生じる「市民の身分」を意味し、ここには市民としての権利や義務といった概念も含まれる。共同体の範囲も、地域、国家、さらには地球規模など様々なものが存在する。ここでのシティズンシップは後者を指すもので、「市民性」とも表現される。したがってシティズンシップ教育とは、所属する共同体の一員として、社会を構成し、社会に寄与する行動的市民としての素養を育む教育である。

　シティズンシップ教育は 2002 年にイギリスのナショナルカリキュラムにおいて必修

科目として導入された。それに先駆けて発表されたシティズンシップ教育諮問委員会の最終報告書では、その３つの柱として①社会的道徳的責任、②社会参加、③政治的リテラシーが掲げられた。日本でもシティズンシップ教育に対する取り組みは着々と広がっており、特別活動の中でも市民性の育成は重要なテーマである。

２．特別活動におけるシティズンシップ教育

　行動的市民の育成を目指すシティズンシップ教育は、特別活動の目標とも一致する部分が多い。集団活動における自主的実践的な取り組み、問題解決に向けた話し合いと民主的な合意形成、社会生活における人間関係の形成、といった目標は、多様化・複雑化するコミュニティーで生活する市民に必要とされるスキルである。

　例えば学級活動において、ある議題に対し生徒が責任ある個としての自覚を持った上で、主体となって話し合いを重ね、民主的なプロセスを経て意思決定を行うといった活動は、まさにシティズンシップ教育の３つの柱を網羅した活動そのものである。学級は、異なる意見や属性（性別、国籍、宗教など）を有する多様な人々が交わった社会の縮図である。自分の意見をどう説得力ある形で主張し、また異なる考えをどう受容・共感し尊重していくか。話し合いを通じ問題を平和的に解決する社会の形成を目指す上で、この一連のスキルを習得することは不可欠である。また単なる多数決に陥らず、少数派の意見に耳を傾け尊重することの大切さを学ぶことも、ますます多様化する社会の構成員としての素養を高める上で重要である。

　児童会活動・生徒会活動も市民性育成という点で貴重な役割を担っている。例えば生徒会を組織するために代表者を選出する。代表者たちは学校が抱える課題を、時に生徒から吸い上げる形で整理する。その上で話し合いを経て解決策を提案、実行する。これら一連の流れは、日本の代表民主制のプロセスと一致するものである。また生徒会長を直接選挙で選ぶとすれば、地方公共団体の長を選ぶ直接民主制の手続きと同一のものとなる。このように「生徒会」という仕組みの中で、個々の生徒がどのように責任を果たし、どのように寄与していくかを学ぶことができる。それはより良い社会の実現に向けた役割を担う市民としての自覚の育成へとつながる。

　また特別活動の広汎性、柔軟性という点に目を向ければ、学校の枠組みを超えた活動も十分に検討できよう。シティズンシップ教育は現実の社会において活動的市民として参加・参画するスキルを育むものである。そうであれば学校という枠組みにとらわれず、児童生徒も社会を構成する一因であるという視点のもと、地域社会の課題に直接関

与する方策を模索していくことも極めて有効である。

３．シティズンシップ教育の留意点

　特別活動とシティズンシップ教育は、親和性が高いが故に「見方によってはシティズンシップ教育に該当しうる」といった特活の付録的位置づけに陥りがちである。しかし教員は、それぞれの活動がシティズンシップ教育とどう繋がるのか、十分に意図を持って計画を立てる必要がある。加えて、児童生徒にも市民としての権利や責任、行動のあり方といった点について活動の随所で意識させ、市民像の形成へとつながるような明確な足取りを示すこともまた重要である。

　例えばシティズンシップ教育の実践例として模擬投票が取り上げられることがある。その際に模擬投票の実施のみをもって政治的リテラシーの育成と考えるのは短絡的である。現行の選挙制度の仕組みと成り立ち、その合理性と課題といった事柄をしっかりと踏まえ伝えていかなければ、形骸化した投票教育になってしまう。また政治的リテラシーという点で言えば、投票に至るまでの児童生徒自身の行動の在り方、あるいは投票以外での政治への寄与の仕方、といった踏み込んだ内容まで網羅すべきである。一市民としての自分の行動がいかに社会に影響を与え得るものか、投票活動を超えてその可能性を示す教育こそが求められるべきである。

　またシティズンシップ教育は先にも述べた通り、①社会的道徳的責任、②社会参加、③政治的リテラシーの三位一体の教育を目指すものである。したがって特別活動の実践においても、特定の分野に特化せず、３要素をなるべく均等に配置することが、バランスのとれたシティズンシップ教育の実現を目指す上では肝要である。

第４章　指導実践論

コラム2
第5章第5節でつくった行事を
体験してみよう

　学習院大学では、1991年から行事実習を実施している。投票の結果第1位に選ばれた行事を日曜日に実施するのである。教師役は企画したグループの学生で、残りの学生は児童生徒役になる。

　なお、投票の際、次の評価項目例を参考にしてもらっている。

　〔評価項目例〕
　　①ねらいは明確か。
　　②行程は明確か。
　　③ねらいと行程・目的地に差異はないか。
　　④行程に無理はないか。（時間・内容）
　　⑤天候を考慮しているか。
　　⑥安全性は確保されているか。
　　⑦昼食の場所は適切か。
　　⑧予算は妥当か。
　　⑨教員のかかわりは適切か。
　　⑩「留意する点」は明確か。
　　⑪事後の教育活動に良い影響を与えそうか。

行事実習の詳細は、本書の「おわりに」を参照。

～～*～*～*～*

第5章

～～*～*～*～*

演習課題

～～*～*～*～*

第1節 自分の体験を振り返り課題意識をもとう

1．学級活動・ホームルーム活動

　自分の小・中学生・高校生時代を振り返って、最も印象に残っている学級活動・ホームルーム活動についてレポートしなさい。

　①どのような内容だったか書きなさい。

　②その時の教員のかかわり方について書きなさい。

　③記入した内容について、各グループで意見交換（情報交換）し、他の学生の意見・情報から得られた知見を書きなさい。

第5章　演習課題

２．児童会活動・生徒会活動

　自分の小・中学生・高校生時代を振り返って、児童会活動・生徒会活動についてレポートしなさい。

　①自分のかかわり方を含め、どのような内容だったか書きなさい。

　　　※可能なら「組織図」を思い出す範囲で書きなさい。

```



```

　②その時の教員のかかわり方について書きなさい。

```



```

　③記入した内容について、各グループで意見交換（情報交換）し、他の学生の意見・情報から得られた知見を書きなさい。

```



```

第５章　演習課題

3．クラブ活動・部活動

自分の小・中学生・高校生時代を振り返って、一番印象に残っているクラブ活動・部活動についてレポートしなさい。

①どのような内容だったか書きなさい。

②その時の教員のかかわり方について書きなさい。

③記入した内容について、各グループで意見交換（情報交換）し、他の学生の意見・情報から得られた知見を書きなさい。

４．学校行事

自分の小・中学生・高校生時代を振り返って、一番印象に残っている学校行事について レポートしなさい。

①どのような内容だったか書きなさい。

①その時の教員のかかわり方について書きなさい。

③記入した内容について、各グループで意見交換（情報交換）し、他の学生の意見・情報から得られた知見を書きなさい。

第５章　演習課題

第2節 学級活動・ホームルーム活動の年間計画を作成しよう

●自分が学級担任・ホームルーム担任だとして、1年間の指導計画を作成しなさい。

●3学期制・35週分を想定し、指導内容等を具体的に書きなさい。

●学習指導要領に記載されたどの内容を盛り込んだかを明確にしなさい。

例「(2)のイ」

「(3)のア」

●学年は小1から高3までの12学年のうち1つ決めなさい。

_____年生

■年間活動目標・ねらい

	指導要領の該当箇所
第1回 (4月2週)		
第2回 (4月3週)		
第3回 (4月4週)		
第4回 (5月2週)		
第5回 (5月3週)		
第6回 (5月4週)		
第7回 (6月1週)		
第8回 (6月2週)		
第9回 (6月3週)		
第10回 (6月4週)		
第11回 (7月1週)		
第12回 (7月2週)		

第 13 回（9 月 1 週）		
第 14 回（9 月 2 週）		
第 15 回（9 月 3 週）		
第 16 回（9 月 4 週）		
第 17 回（10 月 1 週）		
第 18 回（10 月 2 週）		
第 19 回（10 月 3 週）		
第 20 回（10 月 4 週）		
第 21 回（11 月 1 週）		
第 22 回（11 月 2 週）		
第 23 回（11 月 3 週）		
第 24 回（11 月 4 週）		
第 25 回（12 月 1 週）		
第 26 回（12 月 2 週）		

第 27 回（1 月 2 週）		
第 28 回（1 月 3 週）		
第 29 回（1 月 4 週）		
第 30 回（2 月 1 週）		
第 31 回（2 月 2 週）		
第 32 回（2 月 3 週）		
第 33 回（2 月 4 週）		
第 34 回（3 月 1 週）		
第 35 回（3 月 2 週）		

メ モ

第 5 章　演習課題

第3節 児童会・生徒会活性化プラン

　児童会活動・生徒会活動は学校生活の中で重要な役割を果たすものである。児童会活動・生徒会活動が形骸化・形式化することなく、活性化を促すようなプランを考えよう。

1．Vision から Plan-Do-See、そして Celebration へ

　児童会活動・生徒会活動などの教育を実践する際、経験や勘などにもとづいて漠然と展開させているわけではない。留意する事項として、下記のようなものがある。

Vision：未来像・理想像のことである。活動をどういう方向性で展開させていくのか、最終的な到達目標を明らかにすることが、まず初めに必要になる。

Plan：Vision にもとづいて立てる具体的な計画である。短期的にすぐできることを計画することもあれば、長期的な視野に立って計画することが求められることもある。

Do：実践することである。その方法、学校教育でいえば支援・学習方法は多種多様である。また、より効果的・効率的にするためには、仕掛けが必要になることもある。

See：実践したことを振り返り、評価することである。できたこと・できなかったことを明らかにし、次の Plan につなげるために、時間をかけて丁寧に行うことが重要である。

Celebration：一連の流れが一段落した際には、そこまでの学習成果や前進を認め、相互に称え合うことが不可欠である。これにより、更なる活動への動機付けとなるのである。

2．Vision を検討する際の留意事項

学校文化：その学校の校風や児童生徒文化がどのようなものなのか、児童生徒間、児童生徒と教師間の人間関係及び児童生徒の実態を諸側面から正確に把握すること。

地域性：「学社連携」・「学社融合」の視点に立って、学校の所在地や周辺環境、保護者や地域の人々の学校への関心度や協力度を掌握すること。

学習方法：どのような学習方法を採用するかで、児童生徒の参加の仕方は大きく変わってくる。活性化のためには、いかなる参加型学習を採用するかが重要である。

Vision

Plan

Do

See

Celebration

第5章　演習課題

第4節 学校行事の企画・立案「卒業生を送る会を企画しよう」

　あなたは今回、卒業学年に所属する教員として、「卒業生を送る会」の企画書を他の教員と協議して作成することになった。児童にとっては6年間、生徒にとっては3年間の学校生活最後の日であり、教員にとっては最後の教育活動の機会である。あなたはどのような「卒業生を送る会」で児童生徒の卒業をお祝いしたいのだろうか。

　次の条件を満たすように計画立案を行ってください。

●条件

　①実施場所は自由

　②小学校6年生、もしくは中学3年生、男女共学、40人×3クラス

　③学年の所属教員は5名

　④午前8時〜午後5時の範囲内

　⑤全校児童生徒数は40人×3クラス×（小学校：6学年で720人、中学校：3学年で360人）

　⑥総教員数は、校長、教頭、養護教諭を含めて小学校は30人、中学校は16人

●次の点について協議して、レポートする。

　①卒業生を送る会の目的

　②当日の流れ（簡単でよい）

　③卒業生を送る会の実施場所

　④卒業生を送る会の進行表

　　（内容を可能な限り詳細に計画する。その際、時間配分等にも充分配慮する）

　⑤卒業生を送る会会場の見取り図（配置図）

　　（机・椅子・人の位置、物品の配置、その他）

　⑥卒業生を送る会のために事前に準備するもの。

　⑦企画担当教員の留意する点

卒業生を送る会を企画しよう

①卒業生を送る会の目的	②当日の流れ（簡単でよい）

③卒業生を送る会の実施場所：

④卒業生を送る会の進行表	⑤会場の見取り図（配置図）

⑥卒業生を送る会のために事前に準備するもの

⑦企画担当教員の留意する点：

第5節 学校行事を企画しよう

　あなたは教員として、学年で実施する校外引率行事を企画することになった。次の条件をみたす行事を6人グループで企画しなさい。

●条件

　①学校（架空）から校外へ児童生徒を引率する日帰りの行事

　②学年は、小学校5年生または中学2年生（どちらかを設定）

　③公立・私立や共学・別学の種類は問わない（各グループで決めてよい）

　④児童生徒数は1クラス30人×3クラス、引率教員数は6人とする

　⑤現地集合、現地解散は可、公共交通機関を利用する

　⑥午前8時30分以降に始まり、午後5時以前に終了するもの

●以下の点についてグループで協議し、記入しなさい。

　①行事の名称

　②目的地

　③行事の目的

　④教員役割分担（校長・担任A・担任B・担任C・養護教諭・副担任の氏名）

　⑤日程（内容や交通手段等詳しく書く）

　⑥教員の留意する点（各々の内容ごとに記載する）

　⑦費用総合計（児童生徒1人あたり）

●協議の際の役割設定

　校長………学校全体の立場から発言する役

　担任A……司会をして、意見をまとめる役（学年主任）

　担任B……協議の内容をふまえ、記録をする役

　担任C……特にアイディアをどんどん出す役

　養護………特に児童生徒の安全・健康面に留意した発言をする役

　副担任……意見が出るような雰囲気作りに気を配る役

①行事の名称 ＿＿＿＿＿＿＿＿＿＿＿＿＿＿＿＿＿＿＿＿　（＿＿＿＿＿年生の行事）

②目的地　　　＿＿＿＿＿＿＿＿＿＿＿＿＿＿＿＿＿＿＿＿＿＿＿＿＿＿

③行事の目的　＿＿＿＿＿＿＿＿＿＿＿＿＿＿＿＿＿＿＿＿＿＿＿＿＿＿

④教員役割分担　校長（　　　　　）担任Ａ（　　　　　）担任Ｂ（　　　　　）
　　　　　　　　担任Ｃ（　　　　　）養護（　　　　　）副担任（　　　　　）

⑦費用　＿＿＿＿＿＿＿円

	⑤日程（内容や移動手段等詳しく）	⑥教員の留意する点
8：00		
9：00		
10：00		
11：00		
12：00		
13：00		
14：00		
15：00		
16：00		
17：00		

第5章　演習課題

~~*~*~*~*

第6章

~~*~*~*~*

資　料

~~*~*~*~*

●小学校学習指導要領 （第6章　特別活動）

第1　目　標

　集団や社会の形成者としての見方・考え方を働かせ、様々な集団活動に自主的、実践的に取り組み、互いのよさや可能性を発揮しながら集団や自己の生活上の課題を解決することを通して、次のとおり資質・能力を育成することを目指す。

(1) 多様な他者と協働する様々な集団活動の意義や活動を行う上で必要となることについて理解し、行動の仕方を身に付けるようにする。

(2) 集団や自己の生活、人間関係の課題を見いだし、解決するために話し合い、合意形成を図ったり、意思決定したりすることができるようにする。

(3) 自主的、実践的な集団活動を通して身に付けたことを生かして、集団や社会における生活及び人間関係をよりよく形成するとともに、自己の生き方についての考えを深め、自己実現を図ろうとする態度を養う。

第2　各活動・学校行事の目標及び内容

〔学級活動〕

1　目　標

　　学級や学校での生活をよりよくするための課題を見いだし、解決するために話し合い、合意形成し、役割を分担して協力して実践したり、学級での話合いを生かして自己の課題の解決及び将来の生き方を描くために意思決定して実践したりすることに、自主的、実践的に取り組むことを通して、第1の目標に掲げる資質・能力を育成することを目指す。

2　内　容

　　1の資質・能力を育成するため、全ての学年において、次の各活動を通して、それぞれの活動の意義及び活動を行う上で必要となることについて理解し、主体的に考えて実践できるよう指導する。

(1) 学級や学校における生活づくりへの参画

　ア　学級や学校における生活上の諸問題の解決

　　学級や学校における生活をよりよくするための課題を見いだし、解決するために話し合い、合意形成を図り、実践すること。

　イ　学級内の組織づくりや役割の自覚

　　　学級生活の充実や向上のため、児童が主体的に組織をつくり、役割を自覚しながら仕事を分担して、協力し合い実践すること。

　ウ　学校における多様な集団の生活の向上

　　　児童会など学級の枠を超えた多様な集団における活動や学校行事を通して学校生活の向上を図るため、学級としての提案や取組を話し合って決めること。

(2)　日常の生活や学習への適応と自己の成長及び健康安全

　ア　基本的な生活習慣の形成

　　　身の回りの整理や挨拶などの基本的な生活習慣を身に付け、節度ある生活にすること。

　イ　よりよい人間関係の形成

　　　学級や学校の生活において互いのよさを見付け、違いを尊重し合い、仲よくしたり信頼し合ったりして生活すること。

　ウ　心身ともに健康で安全な生活態度の形成

　　　現在及び生涯にわたって心身の健康を保持増進することや、事件や事故、災害等から身を守り安全に行動すること。

　エ　食育の観点を踏まえた学校給食と望ましい食習慣の形成

　　　給食の時間を中心としながら、健康によい食事のとり方など、望ましい食習慣の形成を図るとともに、食事を通して人間関係をよりよくすること。

(3)　一人一人のキャリア形成と自己実現

　ア　現在や将来に希望や目標をもって生きる意欲や態度の形成

　　　学級や学校での生活づくりに主体的に関わり、自己を生かそうとするとともに、希望や目標をもち、その実現に向けて日常の生活をよりよくしようとすること。

　イ　社会参画意識の醸成や働くことの意義の理解

　　　清掃などの当番活動や係活動等の自己の役割を自覚して協働することの意義を理解し、社会の一員として役割を果たすために必要となることについて主体的に考えて行動すること。

　ウ　主体的な学習態度の形成と学校図書館等の活用

　　　学ぶことの意義や現在及び将来の学習と自己実現とのつながりを考えたり、自主的に学習する場としての学校図書館等を活用したりしながら、学習の見通しを立て、振り返ること。

第6章　資料

3　内容の取扱い

(1)　指導に当たっては、各学年段階で特に次の事項に配慮すること。

〔第1学年及び第2学年〕

　話合いの進め方に沿って、自分の意見を発表したり、他者の意見をよく聞いたりして、合意形成して実践することのよさを理解すること。基本的な生活習慣や、約束やきまりを守ることの大切さを理解して行動し、生活をよくするための目標を決めて実行すること。

〔第3学年及び第4学年〕

　理由を明確にして考えを伝えたり、自分と異なる意見も受け入れたりしながら、集団としての目標や活動内容について合意形成を図り、実践すること。自分のよさや役割を自覚し、よく考えて行動するなど節度ある生活を送ること。

〔第5学年及び第6学年〕

　相手の思いを受け止めて聞いたり、相手の立場や考え方を理解したりして、多様な意見のよさを積極的に生かして合意形成を図り、実践すること。高い目標をもって粘り強く努力し、自他のよさを伸ばし合うようにすること。

(2)　2の(3)の指導に当たっては、学校、家庭及び地域における学習や生活の見通しを立て、学んだことを振り返りながら、新たな学習や生活への意欲につなげたり、将来の生き方を考えたりする活動を行うこと。その際、児童が活動を記録し蓄積する教材等を活用すること。

〔児童会活動〕

1　目　　標

　　異年齢の児童同士で協力し、学校生活の充実と向上を図るための諸問題の解決に向けて、計画を立て役割を分担し、協力して運営することに自主的、実践的に取り組むことを通して、第1の目標に掲げる資質・能力を育成することを目指す。

2　内　　容

　　1の資質・能力を育成するため、学校の全児童をもって組織する児童会において、次の各活動を通して、それぞれの活動の意義及び活動を行う上で必要となることについて理解し、主体的に考えて実践できるよう指導する。

(1)　児童会の組織づくりと児童会活動の計画や運営

　　児童が主体的に組織をつくり、役割を分担し、計画を立て、学校生活の課題を見

いだし解決するために話し合い、合意形成を図り実践すること。

(2) 異年齢集団による交流

　児童会が計画や運営を行う集会等の活動において、学年や学級が異なる児童と共に楽しく触れ合い、交流を図ること。

(3) 学校行事への協力

　学校行事の特質に応じて、児童会の組織を活用して、計画の一部を担当したり、運営に協力したりすること。

3　内容の取扱い

(1) 児童会の計画や運営は、主として高学年の児童が行うこと。その際、学校の全児童が主体的に活動に参加できるものとなるよう配慮すること。

〔クラブ活動〕

1　目　標

　異年齢の児童同士で協力し、共通の興味・関心を追求する集団活動の計画を立てて運営することに自主的、実践的に取り組むことを通して、個性の伸長を図りながら、第１の目標に掲げる資質・能力を育成することを目指す。

2　内　容

　1の資質・能力を育成するため、主として第４学年以上の同好の児童をもって組織するクラブにおいて、次の各活動を通して、それぞれの活動の意義及び活動を行う上で必要となることについて理解し、主体的に考えて実践できるよう指導する。

(1) クラブの組織づくりとクラブ活動の計画や運営

　児童が活動計画を立て、役割を分担し、協力して運営に当たること。

(2) クラブを楽しむ活動

　異なる学年の児童と協力し、創意工夫を生かしながら共通の興味・関心を追求すること。

(3) クラブの成果の発表

　活動の成果について、クラブの成員の発意・発想を生かし、協力して全校の児童や地域の人々に発表すること。

〔学校行事〕

1　目　標

全校又は学年の児童で協力し、よりよい学校生活を築くための体験的な活動を通して、集団への所属感や連帯感を深め、公共の精神を養いながら、第1の目標に掲げる資質・能力を育成することを目指す。

2　内　容

1の資質・能力を育成するため、全ての学年において、全校又は学年を単位として、次の各行事において、学校生活に秩序と変化を与え、学校生活の充実と発展に資する体験的な活動を行うことを通して、それぞれの学校行事の意義及び活動を行う上で必要となることについて理解し、主体的に考えて実践できるよう指導する。

(1) 儀式的行事

学校生活に有意義な変化や折り目を付け、厳粛で清新な気分を味わい、新しい生活の展開への動機付けとなるようにすること。

(2) 文化的行事

平素の学習活動の成果を発表し、自己の向上の意欲を一層高めたり、文化や芸術に親しんだりするようにすること。

(3) 健康安全・体育的行事

心身の健全な発達や健康の保持増進、事件や事故、災害等から身を守る安全な行動や規律ある集団行動の体得、運動に親しむ態度の育成、責任感や連帯感の涵養、体力の向上などに資するようにすること。

(4) 遠足・集団宿泊的行事

自然の中での集団宿泊活動などの平素と異なる生活環境にあって、見聞を広め、自然や文化などに親しむとともに、よりよい人間関係を築くなどの集団生活の在り方や公衆道徳などについての体験を積むことができるようにすること。

(5) 勤労生産・奉仕的行事

勤労の尊さや生産の喜びを体得するとともに、ボランティア活動などの社会奉仕の精神を養う体験が得られるようにすること。

3　内容の取扱い

(1) 児童や学校、地域の実態に応じて、2に示す行事の種類ごとに、行事及びその内容を重点化するとともに、各行事の趣旨を生かした上で、行事間の関連や統合を図るなど精選して実施すること。また、実施に当たっては、自然体験や社会体験などの体験活動を充実するとともに、体験活動を通して気付いたことなどを振り返り、まとめたり、発表し合ったりするなどの事後の活動を充実すること。

第3　指導計画の作成と内容の取扱い

1　指導計画の作成に当たっては、次の事項に配慮するものとする。

(1) 特別活動の各活動及び学校行事を見通して、その中で育む資質・能力の育成に向けて、児童の主体的・対話的で深い学びの実現を図るようにすること。その際、よりよい人間関係の形成、よりよい集団生活の構築や社会への参画及び自己実現に資するよう、児童が集団や社会の形成者としての見方・考え方を働かせ、様々な集団活動に自主的、実践的に取り組む中で、互いのよさや個性、多様な考えを認め合い、等しく合意形成に関わり役割を担うようにすることを重視すること。

(2) 各学校においては特別活動の全体計画や各活動及び学校行事の年間指導計画を作成すること。その際、学校の創意工夫を生かし、学級や学校、地域の実態、児童の発達の段階などを考慮するとともに、第2に示す内容相互及び各教科、道徳科、外国語活動、総合的な学習の時間などの指導との関連を図り、児童による自主的、実践的な活動が助長されるようにすること。また、家庭や地域の人々との連携、社会教育施設等の活用などを工夫すること。

(3) 学級活動における児童の自発的、自治的な活動を中心として、各活動と学校行事を相互に関連付けながら、個々の児童についての理解を深め、教師と児童、児童相互の信頼関係を育み、学級経営の充実を図ること。その際、特に、いじめの未然防止等を含めた生徒指導との関連を図るようにすること。

(4) 低学年においては、第1章総則の第2の4の(1)を踏まえ、他教科等との関連を積極的に図り、指導の効果を高めるようにするとともに、幼稚園教育要領等に示す幼児期の終わりまでに育ってほしい姿との関連を考慮すること。特に、小学校入学当初においては、生活科を中心とした関連的な指導や、弾力的な時間割の設定を行うなどの工夫をすること。

(5) 障害のある児童などについては、学習活動を行う場合に生じる困難さに応じた指導内容や指導方法の工夫を計画的、組織的に行うこと。

(6) 第1章総則の第1の2の(2)に示す道徳教育の目標に基づき、道徳科などとの関連を考慮しながら、第3章特別の教科道徳の第2に示す内容について、特別活動の特質に応じて適切な指導をすること。

2　第2の内容の取扱いについては、次の事項に配慮するものとする。

(1) 学級活動、児童会活動及びクラブ活動の指導については、指導内容の特質に応じて、教師の適切な指導の下に、児童の自発的、自治的な活動が効果的に展開され

るようにすること。その際、よりよい生活を築くために自分たちできまりをつくって守る活動などを充実するよう工夫すること。

(2) 児童及び学校の実態並びに第1章総則の第6の2に示す道徳教育の重点などを踏まえ、各学年において取り上げる指導内容の重点化を図るとともに、必要に応じて、内容間の関連や統合を図ったり、他の内容を加えたりすることができること。

(3) 学校生活への適応や人間関係の形成などについては、主に集団の場面で必要な指導や援助を行うガイダンスと、個々の児童の多様な実態を踏まえ、一人一人が抱える課題に個別に対応した指導を行うカウンセリング（教育相談を含む。）の双方の趣旨を踏まえて指導を行うこと。特に入学当初や各学年のはじめにおいては、個々の児童が学校生活に適応するとともに、希望や目標をもって生活できるよう工夫すること。あわせて、児童の家庭との連絡を密にすること。

(4) 異年齢集団による交流を重視するとともに、幼児、高齢者、障害のある人々などとの交流や対話、障害のある幼児児童生徒との交流及び共同学習の機会を通して、協働することや、他者の役に立ったり社会に貢献したりすることの喜びを得られる活動を充実すること。

3　入学式や卒業式などにおいては、その意義を踏まえ、国旗を掲揚するとともに、国歌を斉唱するよう指導するものとする。

●中学校学習指導要領（第5章　特別活動）

第1　目　標

　　集団や社会の形成者としての見方・考え方を働かせ、様々な集団活動に自主的、実践的に取り組み、互いのよさや可能性を発揮しながら集団や自己の生活上の課題を解決することを通して、次のとおり資質・能力を育成することを目指す。

(1) 多様な他者と協働する様々な集団活動の意義や活動を行う上で必要となることについて理解し、行動の仕方を身に付けるようにする。

(2) 集団や自己の生活、人間関係の課題を見いだし、解決するために話し合い、合意形成を図ったり、意思決定したりすることができるようにする。

(3) 自主的、実践的な集団活動を通して身に付けたことを生かして、集団や社会における生活及び人間関係をよりよく形成するとともに、人間としての生き方についての考えを深め、自己実現を図ろうとする態度を養う。

第2　各活動・学校行事の目標及び内容

〔学級活動〕

1　目　標

　　学級や学校での生活をよりよくするための課題を見いだし、解決するために話し合い、合意形成し、役割を分担して協力して実践したり、学級での話合いを生かして自己の課題の解決及び将来の生き方を描くために意思決定して実践したりすることに、自主的、実践的に取り組むことを通して、第1の目標に掲げる資質・能力を育成することを目指す。

2　内　容

　　1の資質・能力を育成するため、全ての学年において、次の各活動を通して、それぞれの活動の意義及び活動を行う上で必要となることについて理解し、主体的に考えて実践できるよう指導する。

(1)　学級や学校における生活づくりへの参画

　ア　学級や学校における生活上の諸問題の解決

　　学級や学校における生活をよりよくするための課題を見いだし、解決するために話し合い、合意形成を図り、実践すること。

　イ　学級内の組織づくりや役割の自覚

　　学級生活の充実や向上のため、生徒が主体的に組織をつくり、役割を自覚しながら仕事を分担して、協力し合い実践すること。

　ウ　学校における多様な集団の生活の向上

　　生徒会など学級の枠を超えた多様な集団における活動や学校行事を通して学校生活の向上を図るため、学級としての提案や取組を話し合って決めること。

(2)　日常の生活や学習への適応と自己の成長及び健康安全

　ア　自他の個性の理解と尊重、よりよい人間関係の形成

　　自他の個性を理解して尊重し、互いのよさや可能性を発揮しながらよりよい集団生活をつくること。

　イ　男女相互の理解と協力

　　男女相互について理解するとともに、共に協力し尊重し合い、充実した生活づくりに参画すること。

　ウ　思春期の不安や悩みの解決、性的な発達への対応

　　心や体に関する正しい理解を基に、適切な行動をとり、悩みや不安に向き合い乗

り越えようとすること。

　エ　心身ともに健康で安全な生活態度や習慣の形成

　　節度ある生活を送るなど現在及び生涯にわたって心身の健康を保持増進することや、事件や事故、災害等から身を守り安全に行動すること。

　オ　食育の観点を踏まえた学校給食と望ましい食習慣の形成

　　給食の時間を中心としながら、成長や健康管理を意識するなど、望ましい食習慣の形成を図るとともに、食事を通して人間関係をよりよくすること。

(3)　一人一人のキャリア形成と自己実現

　ア　社会生活、職業生活との接続を踏まえた主体的な学習態度の形成と学校図書館等の活用

　　現在及び将来の学習と自己実現とのつながりを考えたり、自主的に学習する場としての学校図書館等を活用したりしながら、学ぶことと働くことの意義を意識して学習の見通しを立て、振り返ること。

　イ　社会参画意識の醸成や勤労観・職業観の形成

　　社会の一員としての自覚や責任を持ち、社会生活を営む上で必要なマナーやルール、働くことや社会に貢献することについて考えて行動すること。

　ウ　主体的な進路の選択と将来設計

　　目標をもって、生き方や進路に関する適切な情報を収集・整理し、自己の個性や興味・関心と照らして考えること。

3　内容の取扱い

(1)　2の(1)の指導に当たっては、集団としての意見をまとめる話合い活動など小学校からの積み重ねや経験を生かし、それらを発展させることができるよう工夫すること。

(2)　2の(3)の指導に当たっては、学校、家庭及び地域における学習や生活の見通しを立て、学んだことを振り返りながら、新たな学習や生活への意欲につなげたり、将来の生き方を考えたりする活動を行うこと。その際、生徒が活動を記録し蓄積する教材等を活用すること。

〔生徒会活動〕

1　目　標

　　異年齢の生徒同士で協力し、学校生活の充実と向上を図るための諸問題の解決に向けて、計画を立て役割を分担し、協力して運営することに自主的、実践的に取り

組むことを通して、第1の目標に掲げる資質・能力を育成することを目指す。

2　内　容

　1の資質・能力を育成するため、学校の全生徒をもって組織する生徒会において、次の各活動を通して、それぞれの活動の意義及び活動を行う上で必要となることについて理解し、主体的に考えて実践できるよう指導する。

(1)　生徒会の組織づくりと生徒会活動の計画や運営

　生徒が主体的に組織をつくり、役割を分担し、計画を立て、学校生活の課題を見いだし解決するために話し合い、合意形成を図り実践すること。

(2)　学校行事への協力

　学校行事の特質に応じて、生徒の組織を活用して、計画の一部を担当したり、運営に主体的に協力したりすること。

(3)　ボランティア活動などの社会参画

　地域や社会の課題を見いだし、具体的な対策を考え、実践し、地域や社会に参画できるようにすること。

〔学校行事〕

1　目　標

　全校又は学年の生徒で協力し、よりよい学校生活を築くための体験的な活動を通して、集団への所属感や連帯感を深め、公共の精神を養いながら、第1の目標に掲げる資質・能力を育成することを目指す。

2　内　容

　1の資質・能力を育成するため、全ての学年において、全校又は学年を単位として、次の各行事において、学校生活に秩序と変化を与え、学校生活の充実と発展に資する体験的な活動を行うことを通して、それぞれの学校行事の意義及び活動を行う上で必要となることについて理解し、主体的に考えて実践できるよう指導する。

(1)　儀式的行事

　学校生活に有意義な変化や折り目を付け、厳粛で清新な気分を味わい、新しい生活の展開への動機付けとなるようにすること。

(2)　文化的行事

　平素の学習活動の成果を発表し、自己の向上の意欲を一層高めたり、文化や芸術に親しんだりするようにすること。

（3）健康安全・体育的行事

　　心身の健全な発達や健康の保持増進、事件や事故、災害等から身を守る安全な行動や規律ある集団行動の体得、運動に親しむ態度の育成、責任感や連帯感の涵養、体力の向上などに資するようにすること。

（4）旅行・集団宿泊的行事

　　平素と異なる生活環境にあって、見聞を広め、自然や文化などに親しむとともに、よりよい人間関係を築くなどの集団生活の在り方や公衆道徳などについての体験を積むことができるようにすること。

（5）勤労生産・奉仕的行事

　　勤労の尊さや生産の喜びを体得し、職場体験活動などの勤労観・職業観に関わる啓発的な体験が得られるようにするとともに、共に助け合って生きることの喜びを体得し、ボランティア活動などの社会奉仕の精神を養う体験が得られるようにすること。

3　内容の取扱い

（1）生徒や学校、生徒の実態に応じて、2に示す行事の種類ごとに、行事及びその内容を重点化するとともに、各行事の趣旨を生かした上で、行事間の関連や統合を図るなど精選して実施すること。また、実施に当たっては、自然体験や社会体験などの体験活動を充実するとともに、体験活動を通して気付いたことなどを振り返り、まとめたり、発表し合ったりするなどの事後の活動を充実すること。

第3　指導計画の作成と内容の取扱い

1　指導計画の作成に当たっては、次の事項に配慮するものとする。

（1）特別活動の各活動及び学校行事を見通して、その中で育む資質・能力の育成に向けて、生徒の主体的・対話的で深い学びの実現を図るようにすること。その際、よりよい人間関係の形成、よりよい集団生活の構築や社会への参画及び自己実現に資するよう、生徒が集団や社会の形成者としての見方・考え方を働かせ、様々な集団活動に自主的、実践的に取り組む中で、互いのよさや個性、多様な考えを認め合い、等しく合意形成に関わり役割を担うようにすることを重視すること。

（2）各学校においては特別活動の全体計画や各活動及び学校行事の年間指導計画を作成すること。その際、学校の創意工夫を生かし、学級や学校、地域の実態、生徒の発達の段階などを考慮するとともに、第2に示す内容相互及び各教科、道徳科、総合的な学習の時間などの指導との関連を図り、生徒による自主的、実践的な活

動が助長されるようにすること。また、家庭や地域の人々との連携、社会教育施設等の活用などを工夫すること。

(3) 学級活動における生徒の自発的、自治的な活動を中心として、各活動と学校行事を相互に関連付けながら、個々の生徒についての理解を深め、教師と生徒、生徒相互の信頼関係を育み、学級経営の充実を図ること。その際、特に、いじめの未然防止等を含めた生徒指導との関連を図るようにすること。

(4) 障害のある生徒などについては、学習活動を行う場合に生じる困難さに応じた指導内容や指導方法の工夫を計画的、組織的に行うこと。

(5) 第1章総則の第1の2の(2)に示す道徳教育の目標に基づき、道徳科などとの関連を考慮しながら、第3章特別の教科道徳の第2に示す内容について、特別活動の特質に応じて適切な指導をすること。

2　第2の内容の取扱いについては、次の事項に配慮するものとする。

(1) 学級活動及び生徒会活動の指導については、指導内容の特質に応じて、教師の適切な指導の下に、生徒の自発的、自治的な活動が効果的に展開されるようにすること。その際、よりよい生活を築くために自分たちできまりをつくって守る活動などを充実するよう工夫すること。

(2) 生徒及び学校の実態並びに第1章総則の第6の2に示す道徳教育の重点などを踏まえ、各学年において取り上げる指導内容の重点化を図るとともに、必要に応じて、内容間の関連や統合を図ったり、他の内容を加えたりすることができること。

(3) 学校生活への適応や人間関係の形成、進路の選択などについては、主に集団の場面で必要な指導や援助を行うガイダンスと、個々の生徒の多様な実態を踏まえ、一人一人が抱える課題に個別に対応した指導を行うカウンセリング（教育相談を含む。）の双方の趣旨を踏まえて指導を行うこと。特に入学当初においては、個々の生徒が学校生活に適応するとともに、希望や目標をもって生活をできるよう工夫すること。あわせて、生徒の家庭との連絡を密にすること。

(4) 異年齢集団による交流を重視するとともに、幼児、高齢者、障害のある人々などとの交流や対話、障害のある幼児児童生徒との交流及び共同学習の機会を通して、協働することや、他者の役に立ったり社会に貢献したりすることの喜びを得られる活動を充実すること。

3　入学式や卒業式などにおいては、その意義を踏まえ、国旗を掲揚するとともに、国歌を斉唱するよう指導するものとする。

第6章　資料

●高等学校学習指導要領（第5章　特別活動）

第1　目　標

　集団や社会の形成者としての見方・考え方を働かせ、様々な集団活動に自主的、実践的に取り組み、互いのよさや可能性を発揮しながら集団や自己の生活上の課題を解決することを通して、次のとおり資質・能力を育成することを目指す。

(1) 多様な他者と協働する様々な集団活動の意義や活動を行う上で必要となることについて理解し、行動の仕方を身に付けるようにする。

(2) 集団や自己の生活、人間関係の課題を見いだし、解決するために話し合い、合意形成を図ったり、意思決定したりすることができるようにする。

(3) 自主的、実践的な集団活動を通して身に付けたことを生かして、主体的に集団や社会に参画し、生活及び人間関係をよりよく形成するとともに、人間としての在り方生き方についての自覚を深め、自己実現を図ろうとする態度を養う。

第2　各活動・学校行事の目標及び内容

〔ホームルーム活動〕

1　目　標

　　ホームルームや学校での生活をよりよくするための課題を見いだし、解決するために話し合い、合意形成し、役割を分担して協力して実践したり、ホームルームでの話合いを生かして自己の課題の解決及び将来の生き方を描くために意思決定して実践したりすることに、自主的、実践的に取り組むことを通して、第1の目標に掲げる資質・能力を育成することを目指す。

2　内　容

　　1の資質・能力を育成するため、全ての学年において、次の各活動を通して、それぞれの活動の意義及び活動を行う上で必要となることについて理解し、主体的に考えて実践できるよう指導する。

(1) ホームルームや学校における生活づくりへの参画

　ア　ホームルームや学校における生活上の諸問題の解決

　　ホームルームや学校における生活を向上・充実させるための課題を見いだし、解決するために話し合い、合意形成を図り、実践すること。

　イ　ホームルーム内の組織づくりや役割の自覚

　　ホームルーム生活の充実や向上のため、生徒が主体的に組織をつくり、役割を自

覚しながら仕事を分担して、協力し合い実践すること。

　ウ　学校における多様な集団の生活の向上

　　生徒会などホームルームの枠を超えた多様な集団における活動や学校行事を通して学校生活の向上を図るため、ホームルームとしての提案や取組を話し合って決めること。

(2)　日常の生活や学習への適応と自己の成長及び健康安全

　ア　自他の個性の理解と尊重、よりよい人間関係の形成

　　自他の個性を理解して尊重し、互いのよさや可能性を発揮し、コミュニケーションを図りながらよりよい集団生活をつくること。

　イ　男女相互の理解と協力

　　男女相互について理解するとともに、共に協力し尊重し合い、充実した生活づくりに参画すること。

　ウ　国際理解と国際交流の推進

　　我が国と他国の文化や生活習慣などについて理解し、よりよい交流の在り方を考えるなど、共に尊重し合い、主体的に国際社会に生きる日本人としての在り方生き方を探求しようとすること。

　エ　青年期の悩みや課題とその解決

　　心や体に関する正しい理解を基に、適切な行動をとり、悩みや不安に向き合い乗り越えようとすること。

　オ　生命の尊重と心身ともに健康で安全な生活態度や規律ある習慣の確立

　　節度ある健全な生活を送るなど現在及び生涯にわたって心身の健康を保持増進することや、事件や事故、災害等から身を守り安全に行動すること。

(3)　一人一人のキャリア形成と自己実現

　ア　学校生活と社会的・職業的自立の意義の理解

　　現在及び将来の生活や学習と自己実現とのつながりを考えたり、社会的・職業的自立の意義を意識したりしながら、学習の見通しを立て、振り返ること。

　イ　主体的な学習態度の確立と学校図書館等の活用

　　自主的に学習する場としての学校図書館等を活用し、自分にふさわしい学習方法や学習習慣を身に付けること。

　ウ　社会参画意識の醸成や勤労観・職業観の形成

　　社会の一員としての自覚や責任をもち、社会生活を営む上で必要なマナーやルー

第6章　資料

ル、働くことや社会に貢献することについて考えて行動すること。

エ　主体的な進路の選択決定と将来設計

　　適性やキャリア形成などを踏まえた教科・科目を選択することなどについて、目標をもって、在り方生き方や進路に関する適切な情報を収集・整理し、自己の個性や興味・関心と照らして考えること。

3　内容の取扱い

(1)　内容の(1)の指導に当たっては、集団としての意見をまとめる話合い活動など中学校の積み重ねや経験を生かし、それらを発展させることができるよう工夫すること。

(2)　内容の(3)の指導に当たっては、学校、家庭及び地域における学習や生活の見通しを立て、学んだことを振り返りながら、新たな学習や生活への意欲につなげたり、将来の在り方生き方を考えたりする活動を行うこと。その際、生徒が活動を記録し蓄積する教材等を活用すること。

〔生徒会活動〕

1　目　標

　異年齢の生徒同士で協力し、学校生活の充実と向上を図るための諸問題の解決に向けて、計画を立て役割を分担し、協力して運営することに自主的、実践的に取り組むことを通して、第1の目標に掲げる資質・能力を育成することを目指す。

2　内　容

　1の資質・能力を育成するため、学校の全生徒をもって組織する生徒会において、次の各活動を通して、それぞれの活動の意義及び活動を行う上で必要となることについて理解し、主体的に考えて実践できるよう指導する。

(1)　生徒会の組織づくりと生徒会活動の計画や運営

　生徒が主体的に組織をつくり、役割を分担し、計画を立て、学校生活の課題を見いだし解決するために話し合い、合意形成を図り実践すること。

(2)　学校行事への協力

　学校行事の特質に応じて、生徒会の組織を活用して、計画の一部を担当したり、運営に主体的に協力したりすること。

(3)　ボランティア活動などの社会参画

　地域や社会の課題を見いだし、具体的な対策を考え、実践し、地域や社会に参画で

きるようにすること。

〔学校行事〕
1　目　標

全校若しくは学年又はそれらに準ずる集団で協力し、よりよい学校生活を築くための体験的な活動を通して、集団への所属感や連帯感を深め、公共の精神を養いながら、第1の目標に掲げる資質・能力を育成することを目指す。

2　内　容

1の資質・能力を育成するため、全校若しくは学年又はそれらに準ずる集団を単位として、次の各行事において、学校生活に秩序と変化を与え、学校生活の充実と発展に資する体験的な活動を行うことを通して、それぞれの学校行事の意義及び活動を行う上で必要となることについて理解し、主体的に考えて実践できるよう指導する。

(1)　儀式的行事

学校生活に有意義な変化や折り目を付け、厳粛で清新な気分を味わい、新しい生活の展開への動機付けとなるようにすること。

(2)　文化的行事

平素の学習活動の成果を発表し、自己の向上の意欲を一層高めたり、文化や芸術に親しんだりするようにすること。

(3)　健康安全・体育的行事

心身の健全な発達や健康の保持増進、事件や事故、災害等から身を守る安全な行動や規律ある集団行動の体得、運動に親しむ態度の育成、責任感や連帯感の涵養、体力の向上などに資するようにすること。

(4)　旅行・集団宿泊的行事

平素と異なる生活環境にあって、見聞を広め、自然や文化などに親しむとともに、よりよい人間関係を築くなどの集団生活の在り方や公衆道徳などについての体験を積むことができるようにすること。

(5)　勤労生産・奉仕的行事

勤労の尊さや創造することの喜びを体得し、就業体験活動などの勤労観・職業観の形成や進路の選択決定などに資する体験が得られるようにするとともに、共に助け合って生きることの喜びを体得し、ボランティア活動などの社会奉仕の精神を養う体験が得られるようにすること。

第6章　資料

3　内容の取扱い

(1) 生徒や学校、地域の実態に応じて、内容に示す行事の種類ごとに、行事及びその内容を重点化するとともに、各行事の趣旨を生かした上で、行事間の関連や統合を図るなど精選して実施すること。また、実施に当たっては、自然体験や社会体験などの体験活動を充実するとともに、体験活動を通して気付いたことなどを振り返り、まとめたり、発表し合ったりするなどの事後の活動を充実すること。

第3　指導計画の作成と内容の取扱い

1　指導計画の作成に当たっては、次の事項に配慮するものとする。

(1) 特別活動の各活動及び学校行事を見通して、その中で育む資質・能力の育成に向けて、生徒の主体的・対話的で深い学びの実現を図るようにすること。その際、よりよい人間関係の形成、よりよい集団生活の構築や社会への参画及び自己実現に資するよう、生徒が集団や社会の形成者としての見方・考え方を働かせ、様々な集団活動に自主的、実践的に取り組む中で、互いのよさや個性、多様な考えを認め合い、等しく合意形成に関わり役割を担うようにすることを重視すること。

(2) 各学校においては、次の事項を踏まえて特別活動の全体計画や各活動及び学校行事の年間指導計画を作成すること。

　　ア　学校の創意工夫を生かし、ホームルームや学校、地域の実態、生徒の発達の段階などを考慮すること。

　　イ　第2に示す内容相互及び各教科・科目、総合的な探究の時間などの指導との関連を図り、生徒による自主的、実践的な活動が助長されるようにすること。特に社会において自立的に生きることができるようにするため、社会の一員としての自己の生き方を探求するなど、人間としての在り方生き方の指導が行われるようにすること。

　　ウ　家庭や地域の人々との連携、社会教育施設等の活用などを工夫すること。その際、ボランティア活動などの社会奉仕の精神を養う体験的な活動や就業体験活動などの勤労に関わる体験的な活動の機会をできるだけ取り入れること。

(3) ホームルーム活動における生徒の自発的、自治的な活動を中心として、各活動と学校行事を相互に関連付けながら、個々の生徒についての理解を深め、教師と生徒、生徒相互の信頼関係を育み、ホームルーム経営の充実を図ること。その際、特に、いじめの未然防止等を含めた生徒指導との関連を図るようにすること。

(4) 障害のある生徒などについては、学習活動を行う場合に生じる困難さに応じた指導内容や指導方法の工夫を計画的、組織的に行うこと。

(5) 第1章第1款の2の(2)に示す道徳教育の目標に基づき、特別活動の特質に応じて適切な指導をすること。

(6) ホームルーム活動については、主としてホームルームごとにホームルーム担任の教師が指導することを原則とし、活動の内容によっては他の教師などの協力を得ること。

2　内容の取扱いに当たっては、次の事項に配慮するものとする。

(1) ホームルーム活動及び生徒会活動の指導については、指導内容の特質に応じて、教師の適切な指導の下に、生徒の自発的、自治的な活動が効果的に展開されるようにすること。その際、よりよい生活を築くために自分たちできまりをつくって守る活動などを充実するよう工夫すること。

(2) 生徒及び学校の実態並びに第1章第7款の1に示す道徳教育の重点などを踏まえ、各学年において取り上げる指導内容の重点化を図るとともに、必要に応じて、内容間の関連や統合を図ったり、他の内容を加えたりすることができること。

(3) 学校生活への適応や人間関係の形成、教科・科目や進路の選択などについては、主に集団の場面で必要な指導や援助を行うガイダンスと、個々の生徒の多様な実態を踏まえ、一人一人が抱える課題に個別に対応した指導を行うカウンセリング（教育相談を含む。）の双方の趣旨を踏まえて指導を行うこと。特に入学当初においては、個々の生徒が学校生活に適応するとともに、希望や目標をもって生活をできるよう工夫すること。あわせて、生徒の家庭との連絡を密にすること。

(4) 異年齢集団による交流を重視するとともに、幼児、高齢者、障害のある人々などとの交流や対話、障害のある幼児児童生徒との交流及び共同学習の機会を通して、協働することや、他者の役に立ったり社会に貢献したりすることの喜びを得られる活動を充実すること。

(5) 特別活動の一環として学校給食を実施する場合には、食育の観点を踏まえた適切な指導を行うこと。

3　入学式や卒業式などにおいては、その意義を踏まえ、国旗を掲揚するとともに、国歌を斉唱するよう指導するものとする。

第6章　資料

資料2　特別活動の歴史

　「特別活動」の原形である「自由研究」が今日の「特別活動」に至るまでの、その変遷を概観すると下記の一覧表にまとめることができる。

改訂年等	「名称」(該当校種)	内容構成	ポイント
1947 (昭和22) 年学習指導要領一般編 (試案)	「自由研究」(小学校・中学校・高等学校)	①自由な学習 ②クラブ組織による活動 ③当番・委員会の活動	教科の一つとして「自由研究」が位置づけられ、教師の指導のもと、子どもが興味・関心、能力に応じた自主的活動を行う時間とされた。
1951 (昭和26) 年学習指導要領一般編 (試案) (第一次改訂)	「教科以外の活動」(小学校)	①児童会 ②学級会 ③クラブ活動	「自由研究」が廃止され、「教科以外の活動」・「特別教育活動」が、教科と並ぶ教育課程の領域として新設された。学習指導要領は試案であり、法的拘束力はなかった。
	「特別教育活動」(中学校・高等学校)	①ホームルーム ②生徒会 ③生徒集会 ④クラブ活動	
1958 (昭和33) 年学習指導要領 (第二次改訂)	「特別教育活動」(小学校)	①児童会活動 ②学級会活動 ③クラブ活動	学習指導要領が国の教育課程の基準となり、法的拘束力を持つようになった。
	(中学校)	①生徒会活動 ②クラブ活動 ③学級活動	教育課程が、各教科、道徳、特別教育活動、学校行事等の四領域となり、道徳を除けば、教科以外の領域は、特別教育活動と学校行事等の二つから構成されることになった。
	(高等学校)	①ホームルーム ②生徒会活動 ③クラブ活動	
1968 (昭和43) 年学習指導要領 (第三次改訂) ＊中学校は1969 (昭和44) 年 ＊高等学校は1970 (昭和45) 年	「特別活動」(小学校)	①児童活動 ②学校行事 ③学級指導	①児童 (生徒) 活動は、(1) 児童 (生徒) 会活動、(2) 学級会活動、(3) クラブ活動の三つの内容から構成されている。「特別教育活動」と「学校行事等」を統合して、「特別活動」・「各教科以外の活動」ができた。学級指導が新設された。
	(中学校)	①生徒活動 ②学校行事 ③学級指導	
	「各教科以外の活動」(高等学校)	①ホームルーム ②生徒会活動 ③クラブ活動 ④学校行事	
1977 (昭和52) 年学習指導要領 (第四次改訂)	「特別活動」(小学校)	①児童活動 ②学校行事 ③学級指導	「特別活動」の名称が共通して使われるようになったほかは、大きな変化はなかった。

＊高等学校は 1978 （昭和 53）年	（中学校）	①生徒活動 ②学校行事 ③学級指導	
	（高等学校）	①ホームルーム ②生徒会活動 ③クラブ活動 ④学校行事	
1989（平成元）年 学習指導要領 （第五次改訂）	「特別活動」 （小学校・中学校・高等学校）	①学級活動 ＊高等学校はホームルーム活動 ②生徒会活動 ＊小学校は児童会活動 ③クラブ活動 ④学校行事	学級会活動と学級指導を統合して、「学級活動」を新設した。 小学校・中学校・高等学校を通して、「特別活動」の目標や内容が統一された。
1998（平成 10）年 学習指導要領 （第六次改訂） ＊高等学校は 1999（平成 11）年	「特別活動」 （小学校）	①学級活動 ②児童会活動 ③クラブ活動 ④学校行事	2002（平成 14）年の完全学校週五日制との関連から、部活動を一層適切に行われるように配慮しながら、中学校・高等学校における「クラブ活動」が廃止された。
	（中学校・高等学校）	①学級活動 ＊高等学校はホームルーム活動 ②生徒会活動 ③学校行事	「総合的な学習の時間」の新設に伴い、特別活動との関連の在り方が問題になった。 学習指導要領に、「ボランティア活動」が初めて明示されるようになった。
2008 年（平成 20）年 学習指導要領（第七次改訂） ＊高等学校は 2009（平成 21）年	「特別活動」 （小学校）	①学級活動 ②児童会活動 ③クラブ活動 ④学校行事	学級活動・ホームルーム活動、児童会活動・生徒会活動、クラブ活動、学校行事について、それぞれの活動目標・内容が示され、その基準性が高められた。 小学校の学級活動において、低・中・高学年ごとに活動内容が区分して記述された。
	（中学校・高等学校）	①学級活動 ＊高等学校はホームルーム活動 ②生徒会活動 ③学校行事	学級活動・ホームルーム活動、児童会活動・生徒会活動、クラブ活動を中心とした話合い活動の指導を充実化することが示された。 学校行事を中心に異年齢集団活動や職場体験活動などの体験活動、その体験活動で得た気付きの共有化・振り返りなどにおける言語活動の重点化が示された。 学校行事の中の「学芸的行事」が「文化的行事」へと名称が変わった。 ホームルーム活動に関して、活動内容によっては担任以外の教師などの協力を得ることが明記された。

第6章　資料

2017 年（平成 29）年 学習指導要領（第八次改訂）*高等学校は 2018（平成 30）年	「特別活動」（小学校）	①学級活動 ②児童会活動 ③クラブ活動 ④学校行事	児童会活動・生徒会活動と学校行事について，内容に応じて年間・学期ごと・月ごとなどに適切な授業時数を充てることが示された。
	（中学校・高等学校）	①学級活動 *高等学校はホームルーム活動 ②生徒会活動 ③学校行事	学校行事と同様の成果が期待できる場合において，総合的な学習の時間の学習活動をもって替えることができるとされた。 特別活動を要としてキャリア教育の充実を図ることが示された。

参考文献

(1) 佐藤喜久雄監修・長沼豊編著『実践・2000 年代の特別活動』明治図書、2000

(2) 日本特別活動学会編『キーワードで拓く新しい特別活動』東洋館出版社、2000

(3) 山口満編『新版　特別活動と人間形成』学文社、2001

(4) 有村久春著『キーワードで学ぶ特別活動　生徒指導・教育相談』金子書房、2003

(5) 高旗正人・倉田侃司編著『新しい特別活動指導論』ミネルヴァ書房、2004

(6) 白井慎・西村誠・川口幸宏編著『新特別活動』学文社、2005

(7) 岩本俊郎・浪本勝年編『資料　特別活動を考える』北樹出版、2005

(8) 原清治編著『特別活動の探究』学文社、2007

(9) 折出健二編『特別活動』学文社、008

(10) 文部科学省『小学校学習指導要領解説　特別活動編』東洋館出版社、2008

(11) 文部科学省『中学校学習指導要領解説　特別活動編』ぎょうせい、2008

(12) 文部科学省『高等学校学習指導要領解説　特別活動編』海文堂、2009

(13) 日本特別活動学会監修『新訂　キーワードで拓く新しい特別活動』東洋館出版社、2010

(14) 文部科学省「小学校学習指導要領解説　特別活動編」東洋館出版社、2018

(15) 文部科学省「中学校学習指導要領解説　特別活動編」東山書房、2018

資料3　特別活動をめぐる教育政策の変遷

―学習指導要領改訂のポイント―

　戦前期において、今日の「特別活動」に該当する教育活動としては、儀式的行事（入学式、卒業式、教育勅語奉読など）、運動会・修学旅行、学芸会などが個々に行われていた。これらは、国家や学校による意図をもって創始されつつ、地域を巻き込んだ学校

独自の行事として普及した。

　戦後、1947（昭和 22）年に教育基本法が施行され、日本国憲法に示された民主主義・平和主義などの理想の実現を教育によって目指すことが宣言された。

1.「自由研究」から「教科以外の活動」「特別教育活動」へ

　戦後、学校教育における教科などの目標や具体的内容は、「学習指導要領」に示されるようになる。特別活動の目標や具体的内容についても明文化されることとなった。

　1947（昭和 22）年の学習指導要領は、試案として提出されたものだが、特別活動は、「自由研究」として教科の一つに位置づけられた（「学習指導要領一般編（試案）」）。小学校では 4 年生以上の必須科目、中学校・高等学校では選択科目となった。その内容は、「経験主義」の理念に基づいたもので、教科等の発展的な学習や個々の興味・関心に基づく内容を学ぶ時間、クラブ活動、当番・学級委員などが例示された。しかし、実際には、児童生徒の体験や自主性を重視するという理念が現場レベルに浸透せず、授業の補習や延長に終わってしまうといったような問題が指摘された。

　このような状況を鑑み、文部省は、1949（昭和 24）年に、学習指導要領の改訂に先立って通達を出し、中学校において「特別教育活動」を新たに設定し、指導内容の明確化を図った（「『新制中学校の教科と時間数』の改正について」）。この通達を受け、中学校の特別活動は、運動、趣味、娯楽、ホームルーム活動、生徒会などの諸活動、社会・公民的訓練活動などを行うものと規定された。そして「教師に基づく諸経験とともに生徒に重要な諸経験を与える機会として特に重視する」ことが求められた。

　1951（昭和 26）年の改訂にあたっては、小学校での自由研究が廃止され、「教科以外の活動」として設定された（「第 1 次改訂（試案）」）。その内容として、学校全体の児童が学校の経営や活動に協力・参加する活動（児童会、児童のさまざまな委員会、クラブ活動）が例示された。1940 年代終わりには、経験主義は、十分に基礎的な学力が身につかないという理由と、「逆コース」と呼ばれる風潮の中で、批判に晒されるようになっていた。しかし、第 1 次改訂も、未だ試案であり、各学校への強制力はそれほど強くなく、「自由研究」の方針が継承されていた。一方、中学校・高等学校では先の通達で用いられた「特別教育活動」の名称は継承され、「単なる課外ではなくて、教科を中心として組織された学習活動でないいっさいの正規の学校活動」を特別教育活動とした。その内容としては、ホームルーム、生徒会、クラブ活動、生徒集会が示された。ここでも、特別教育活動の理念として、生徒自身が計画、組織、実行、評価を行い、教師の指導を

第6章　資料

最小限度に留めることが明示された。

　しかし、「学習指導要領」は、1958（昭和 33）年の改訂から、「試案」という文言が外され、文部省の「告示」となる。これに伴い、学習指導要領は法的拘束力を持つようになり、児童生徒中心の方針から、学校の管理下に置く方針へと転換していくと同時に、学校・教員の裁量を認める記述は大幅に削除された（「第 2 次改訂」）。小学校については、特別活動の名称は、「特別教育活動」となり、教育課程を構成する一領域として位置づけられた。それに伴い、特別教育活動の内容が規定され、「児童会活動、学級会活動、クラブ活動などを行う」と明記された。また、中学校では、生徒会活動・クラブ活動・学級活動、高等学校では、ホームルーム活動・生徒会活動・クラブ活動が設定され、「特別教育活動においては、生徒の自発的な活動を助長することがたてまえであるが、常に教師の適切な指導が必要である」と規定された。

　なお、本改訂において、特別教育活動とは別に、「学校行事等」が教育課程の一つとして規定された。学校行事の内容は詳細に規定されることはなかったが、儀式、学芸的行事、保健体育的行事、遠足、学校給食などを「適宜行うもの」とされた。（なお、高等学校については 1960 年改訂。）

２．「特別活動」への再編

　1960 年代は高度経済成長期に入り、科学技術教育が重視されるようになったこともあって、学習指導要領は「現代化カリキュラム」と呼ばれる高度な内容を学校教育に求めるようになった（「第 3 次改訂」）。

　1968（昭和 43）年の小学校学習指導要領、1969（昭和 44）年の中学校学習指導要領の改訂において、「特別教育活動」と「学校行事等」が統合され、「特別活動」として再編された。内容としては、小学校では、大きく「児童活動」（児童会活動、学級会活動、クラブ活動）、「学校行事」（儀式、学芸的行事、保健体育的行事、遠足的行事、安全指導的行事）、「学級指導」（学校給食、保健指導など「学級を中心として指導する教育活動」）からなるとされた。中学校においても、内容は小学校とほぼ同様だが、①クラブ活動の必修化（「クラブは、学年や学級の所属を離れて共通の興味や関心をもつ生徒をもって組織することをたてまえとし、全生徒が文化的、体育的または生産的な活動を行うこと」と明記）、②「学級指導」の内容が詳細に規定され、「個人的適応に関すること」などの他に、「進路の選択に関すること」が加えられた、という点に特徴がある。小・中学校に共通する特徴として、少年非行の増大への対策として生徒活動を充実化させる

ために、従来の児童会・生徒会活動、学級会活動、クラブ活動を「児童活動」「生徒活動」に統合し、「学級指導」を新たに設置したことが挙げられる。

　高等学校については、1970（昭和45）年の改訂で「各教科以外の教育活動」が設置された。その内容は、「ホームルーム」「生徒会活動」「クラブ活動」「学校行事」からなり、クラブ活動は必修化された。生徒は「文化的な活動」「体育的な活動」「生産的な活動」のいずれかへの所属が求められた。このクラブ活動の必修化は、本改訂の中・高等学校に共通する特徴である。これ以降、時間割に組み込まれた「クラブ活動」と放課後の「部活動」が併存することとなる。

3．多様化する「特別活動」

　1970年代に入ると、受験競争や学歴主義が批判されるようになり、高度とされていた第3次改訂の学習指導要領が批判されたため、「ゆとり」をもった学習がめざされた（「第4次改訂」）。

　1978（昭和53）年の改訂で、高等学校においても「特別活動」の名称が用いられるようになり、小・中・高等学校で内容としての一貫性が図られるようになった。本改訂においては、内容の構成は従来通りであったが、①「学級指導」の項目で学業指導や進路指導に関する例示の増加、②「勤労にかかわる体験的な学習の必要性」の指摘から、それらの活動が学校行事の中に位置づけられた、という点が特徴として挙げられる。

　1989（平成元）年の改訂においては、知識・理解・技能のみならず、関心・意欲・態度を重視する「新しい学力観」や個性の重視が打ち出され、「ゆとり」をキーワードとした経験主義教育が復活した（「第5次改訂」）。教育課程の編成については、小学校低学年において「生活科」が新設された。この改訂に伴う特別活動の変化として、①小・中学校において、学級会活動と学級指導が統合され、「学級活動」が新設された、②中・高等学校においては、「部活動への参加をもってクラブ活動の一部又は全部の履修に替えることができる」と示された、③学級活動・ホームルーム活動が「健全な生活態度の育成に資する活動」として設定される、学校行事において「集団への所属感」や「体験的活動」が強調される、小学校において「勤労・生産的行事」が「勤労生産・奉仕的行事」へと変更され、「ボランティア活動などの社会奉仕の精神を涵養する体験」（中・高等学校では「養う体験」）が盛り込まれる、といったような道徳教育的要素の拡大、といった点が挙げられる。

　1998（平成10）年の改訂においては、いわゆる「ゆとり教育」として、完全学校週

第6章　資料

5日制の実施、「総合的な学習の時間」の新設が行われた（「第6次改訂」）。特別活動においては、中・高等学校におけるクラブ活動が削除され、学級活動・ホームルーム活動、生徒会活動、学校行事という三つの領域によって構成されることになった（小学校についてはクラブ活動が存続）。本改訂にあたって、家庭や地域の人々、幼児、高齢者、障害のある人々などとの触れ合いや自然体験や社会体験などの充実が求められた。

2008（平成20）年の改訂においては、第6次改訂後に起こった学力低下論争を背景に「確かな学力」の定着を目指した授業時数・学習内容の増加が図られた（「第7次改訂」）。特別活動においては、「望ましい人間関係の形成」が、一内容から目標に引き上げられた。また、各教科などと指導の関連を図ることが新たに明記され、「話し合い活動」「振り返り、まとめたり、発表し合ったりするなどの活動」といった言語活動の充実が特別活動においても目指されている。

2017（平成29）年の改訂においては、育成を目指す資質・能力を踏まえ目標や内容が設定された（「第8次改訂」）。「人間関係形成」「社会参画」「自己実現」の三つの視点に基づき、小・中・高等学校の系統性が考慮され、各活動・学校行事を通して育成を目指す資質・能力とそのために重視する学習過程が明確化された。また、小学校から高等学校まで教育活動全体の中で「基礎的・汎用的能力」を育むというキャリア教育の役割が改めて確認された。さらに、自治的能力や主権者として積極的に社会参画する力を重視している。

4．おわりに

特別活動は、単に生徒の学校生活を円滑にするだけでなく、学校外における社会生活における立ち位置にも影響する、全人的な教育である。そうであるがゆえに、その時代に求められる望ましい人間像が、特別活動をめぐる政策にストレートに反映され、特に近年は、子どもの日常に深く入り込む、「盛りだくさん」な内容となっているように見える。

一方で、例えば、戦後直後に目指されていた、公民的な資質を高めるための自主的・自律的な活動は、特別活動の中でも、影を潜めるようになってきた。しかし、「政治の季節」と言われた2000年代後半以降、関係者間での議論が高まり、児童生徒に、広い意味での政治的教養を身に着けさせるための「主権者教育」を充実させようとする動きもみられるようになってきた。

現実的に考えれば、教師が、特別活動に寄せられるすべての期待に応えることは至難

の業かもしれない。しかし、上記の例にも見られるように、特別活動をめぐる政策の歴史をつぶさに観察しておくことも、その時代や個々の状況に応じて、優先順位をつけながら特別活動を展開する上で必要不可欠と言えるだろう。

参考文献

相原次男・新富康央・南本長穂編著『新しい時代の特別活動』ミネルヴァ書房、2010年

田中智志・橋本美保『特別活動論』一藝社、2013年

山田浩之編著『特別活動論』協同出版、2014年

資料4　部活動について

　特別活動ではないが、関連が深い部活動について解説する。特に歴史的な変遷については、第2章の「クラブ活動」の記述内容も確認してほしい。

1．部活動は教育課程外の教育活動

　中学校学習指導要領の総則には部活動について次のように記述されている。

　「生徒の自主的、自発的な参加により行われる部活動については、スポーツや文化、科学等に親しませ、学習意欲の向上や責任感、連帯感の涵養等、学校教育が目指す資質・能力の育成に資するものであり、学校教育の一環として、教育課程との関連が図られるよう留意すること。」

　これによると、部活動は生徒の自主的、自発的な参加によるものであり、教育課程外の活動であることがわかる。部活動を実施するかどうかは各学校の自由で、本来オプションなのである。しかし全国のほとんどの中学・高等学校で実施されているのが現状である。

　また時間数の規定がないことから、実施する際の自由度が高い教育活動と言える。これが朝も夜も、土日・祝日も、部活動が際限なく実施できる要因になっている。教育課程外の教育活動であるから文科省も時間数の規制をかけることが難しい。そのため活動日数も時間もどんどん肥大化してきたのである。

　しかし中学校学習指導要領解説総則編には以下の記述もある。

　「各学校が部活動を実施するに当たっては、本項を踏まえ、生徒が参加しやすいよう

第6章　資料

に実施形態などを工夫するとともに、生徒の生活全体を見渡して休養日や活動時間を適切に設定するなど生徒のバランスのとれた生活や成長に配慮することが必要である。また、文部科学省が実施した教員の勤務実態調査の結果では、中学校教諭の部活動に係る土日の活動時間が長時間勤務の要因の一つとなっており、その適切な実施の在り方を検討していく必要がある。」

　生徒の心身のバランスがとれた成長・発達を考えれば、部活漬けの学校生活がよいかと言えば、そうではないだろう。また部活動が教員の長時間労働の要因になっていることから、ワークライフバランスに配慮したあり方も考えなければならない。

２．部活動の過重負担の実態

　部活動に関わる生徒と教員の、両方の過重負担の実態を確認しよう。

　まず、生徒について、スポーツ庁の「平成29年度全国体力・運動能力、運動習慣等調査報告書」では1週間の運動部の活動時間が全国平均で男子が約944分、女子が約955分であることがわかった。1週間の全授業の時間数は1450分であるから、中学生は学校生活の60％が授業、40％が部活動ということになる。平均値での算出であるから、部活動が50％を超える生徒もいるのではないだろうか。筆者が3年間の合計授業時間数と比較したところ、国語・社会・数学・理科・外国語の5教科の授業の合計時間数よりも部活動の合計活動時間の方が多いということがわかった。学校とは何をするところだろうか。

　一方、教員については、2017（平成29）年4月に文部科学省が公表した「教員勤務実態調査（平成28年度）の集計（速報値）について」によると、中学校の1日当たりの勤務時間（平日・教諭）は11時間32分で、10年前と比較して32分の増加、部活動の活動日数が多いほど勤務時間が長いことも示された。土日の部活動にかかる1日あたりの勤務時間は10年前の1時間6分から2時間10分と倍増しており、部活動による教員の過重負担が増大してきていることがわかった。

　2018（平成30）年2月にスポーツ庁が公表した「平成29年度全国体力・運動能力、運動習慣等調査報告書」では、部活動に関して学校のルールとして休養日を定めていない学校は11.7％、土日に休養日を設けていない学校は21.7％だった。また、部活動の顧問について、原則全教員が務めることにしている学校が88.3％、希望者が務めることにしている学校は5.3％だった。約9割の中学校では全員顧問制になっているのである。

　さらには、中学・高等学校の教員の半数近くは競技経験のない運動部の顧問を担当し

ているのである。2014（平成 26）年の日本体育協会の調査では、運動部活動の顧問の競技経験の有無は、中学校で「経験あり」47.9 ％、「経験なし」52.1 ％、高等学校では「経験あり」55.1 ％、「経験なし」44.9 ％である。

3.　部活動指導は業務か？

　部活動は教育課程外の教育活動であるため、その指導は本来業務ではない。事実、2018（平成 30）年 2 月の文部科学事務次官通知「学校における働き方改革に関する緊急対策の策定並びに学校における業務改善及び勤務時間管理等に係る取組の徹底について（通知）」によると、部活動は「学校の業務だが、必ずしも教師が担う必要のない業務」とされている。部活動の指導のほとんどは勤務時間外に行っているが、手当や残業代はどうなっているのだろうか。

　通称・給特法という法律がある。公立の義務教育諸学校等の教育職員の給与等に関する特別措置法の略である。教員には教職調整額を月給の 4 ％支給するが、時間外勤務手当及び休日勤務手当は支給しないと規定されている。部活動の指導で勤務時間外に長時間学校に居ても一切の手当は支給されないのである。この 4 ％というのは、1966（昭和41）年の 1 ヶ月平均の教員の時間外勤務が約 8 時間だったのが算出根拠となっている。一日の勤務時間を 7 時間 45 分として 4 ％を計算すると約 19 分になる。しかし前に述べたように、現在は平日で平均 11 時間 32 分という勤務実態（時間外勤務 227 分）であり、単純計算でも 48 ％支給しないと実態には合っていないということになる。

　また 2003（平成 15）年の「公立の義務教育諸学校等の教育職員を正規の勤務時間を超えて勤務させる場合等の基準を定める政令」には次の記述がある。
「教育職員については、正規の勤務時間の割振りを適正に行い、原則として時間外勤務を命じないものとすること」（抜粋）、「教育職員に対し時間外勤務を命ずる場合は、次に掲げる業務に従事する場合であって臨時又は緊急のやむを得ない必要があるときに限るものとすること。

　イ　校外実習その他生徒の実習に関する業務
　ロ　修学旅行その他学校の行事に関する業務
　ハ　職員会議（設置者の定めるところにより学校に置かれるものをいう。）に関する
　　業務
　ニ　非常災害の場合、児童又は生徒の指導に関し緊急の措置を必要とする場合その他
　　やむを得ない場合に必要な業務」

第6章　資料

これがいわゆる「超勤4項目」であり、部活動の指導はない。つまり勤務時間外の部活動の指導は管理職の職務命令ではない。勤務でないとすると、ではいったい部活動は教員にとって何の時間なのだろうか。無給労働であるためボランティアと表現する人もいるが、自発的ではないため語源に照らして適切ではない。曖昧な時間としか言いようがないのであるが、何かあれば責任を問われるということは業務なのだろうか？

4.　部活動改革の動向

　このような多くの課題に対して、2016（平成28）年に馳浩文科大臣（当時）のもとで部活動改革が行われてきており、教員の働き方改革とも連動しながら国としての指針が出されることとなった。

　文部科学省は2017（平成29）年6月には学校の働き方改革を中央教育審議会に諮問し、初等中等教育分科会に「学校における働き方改革特別部会」を設けて同年7月から審議を始め、同年12月には「新しい時代の教育に向けた持続可能な学校指導・運営体制の構築のための学校における働き方改革に関する総合的な方策について」（中間まとめ）が出された。その中で、部活動の指導は「学校の業務だが、必ずしも教師が担う必要のない業務」とした上で、次のような提言を行っている（筆者が抜粋）。

○各学校が部活動を設置・運営することは法令上の義務とはされていないが、現状では、ほとんどの中学校及び高等学校において部活動が設置され、実態として、多くの教師が顧問を担わざるを得ない状況である

○教師の中には、部活動にやりがいを感じている者もいる一方で、競技等の経験がなく部活動の指導に必要な技能を備えていない教師等が部活動の顧問を担わなければならない場合には負担を感じている

○学校職員として部活動の実技指導等を行う部活動指導員をはじめとした外部人材を積極的に参画させるとともに、大会・コンクール等の主催者においては、関連規定の改正等を行い、部活動指導員による引率を行えるようにすべきである

○各学校が部活動の適切な活動時間や休養日について明確に基準を設定するとともに、保護者に対し理解を求めるように努めるべきである

○部活動を学校単位の取組から地域単位の取組にし、学校以外が担うことも積極的に進めるべきである

　さらには、2018（平成30）年3月にスポーツ庁が「運動部活動の在り方に関する総合的なガイドライン」を発表した。その中で次のような提言を行っている（筆者が抜

粋）。

○学期中は、週当たり 2 日以上の休養日を設ける。（平日は少なくとも 1 日、土曜日及び日曜日（以下「週末」という。）は少なくとも 1 日以上を休養日とする。週末に大会参加等で活動した場合は、休養日を他の日に振り替える。）

○長期休業中の休養日の設定は、学期中に準じた扱いを行う。また、生徒が十分な休養を取ることができるとともに、運動部活動以外にも多様な活動を行うことができるよう、ある程度長期の休養期間（オフシーズン）を設ける。

○ 1 日の活動時間は、長くとも平日では 2 時間程度、学校の休業日（学期中の週末を含む）は 3 時間程度とし、できるだけ短時間に、合理的でかつ効率的・効果的な活動を行う。

　このような指針を踏まえて各自治体、各学校で部活動改革を行う必要が生じているのが現状である（2018（平成 30）年 5 月）。問題はこれらの提言内容が実現されるかどうかである。というのも文部省（当時）は 1997（平成 9）年に部活動の休養日の設定について「中学校は週 2 日以上」「高等学校は週 1 日以上」という目安を示したが、全く守られなかったからである。

　中学・高等学校の教員の負担の主要因が部活動であることを考えると「部活動改革なくして働き方改革なし」である。

第 6 章　資料

お わ り に

　本書の編者代表が所属する学習院大学では、第5章第5節の演習課題「学校行事をつくろう」を1991年より実施している。本学教職課程の特別活動の指導法に関する科目の特徴は、机上の空論で終わらせず、実際に体験したり討論したりして学ぶということに重点をおいている。したがって、この課題も作らせて終わりとはならない。

　各グループが作成した企画書を印刷し、受講している学生全員に配付する。その上で、各グループ（学校）の校長役の学生が1分間でプレゼンテーションを行う。特徴を説明してもよいし、企画書に書くことができなかった点を補足してもよい。その後質疑応答を行い、最後に投票する。

　そして、第1位に選ばれたグループの作った校外行事を実際に体験するのである。教員役はもちろん企画したグループの学生で、ほかのグループの学生は全員児童生徒役となる。教員役になるとしおり作りや下見など事前準備に余念がない。事前の説明会も運営してもらう。当日は、小学生や中学生に扮した大学生が引率されてまちを歩き、電車に乗る。教員役はしっかり点呼をとる。中学校の名前で予約した食堂に大挙して大学生が押しかけ、お店の人にびっくりされたこともある。

　この日曜日を使った「行事実習」は、教員養成課程の科目としては日本でも他に類を見ない試みであり、学会等でも注目されてきている。

　学生の変容は素晴らしい。朝9時頃から始まる行事だが、最初は実に頼りない。声など裏返っているし、聞き取れない。危険があっても察知できない。ところが経験が人を育てるのか、午後2時を過ぎる頃から的確な指示を出し始める。解散する頃には堂々とした「先生」だ。校長役の閉会のことばでは「帰宅するまでが遠足です」という十八番も忘れない。

　このようにかなり大変な実践活動になるが、多くの学生が熱心に取り組んでいる。最近では教員役をやりたいという学生も増え、わざと自分のグループに投票する学生もいるくらいである。おもしろいことに、これまでに教員役を経験した学生のうち何人かは、本物の先生になっている。

　特別活動はおもしろい。そのおもしろさを感得した学生が、将来特別活動を大事にする教員となって、児童生徒や同僚とコミュニケーションを図りながら、混迷する教育現場を明るく包み込みこんでくれることを願ってやまない。

編者代表　2020年7月7日

●編著者

長沼　豊（学習院大学教授）　編者代表

　学習院中等科教諭、学習院大学准教授を経て現職。特別活動論、ボランティア学習論の研究を進めている。日本特別活動学会会長、日本ボランティア学習協会理事等を務める。著書に「部活動の不思議を語り合おう」（ひつじ書房）、「新しいボランティア学習の創造」（ミネルヴァ書房）など多数。博士（人間科学）。

柴崎　直人（岐阜大学准教授）

　私立中学校・高等学校、中部学院大学等を経て現職。日本特別活動学会常任理事。小笠原流礼法総師範。専門は礼儀作法の教育。学校教育をはじめ日本の教育に求められる礼儀作法・マナーの指導の方法と内容を研究。著書に「礼儀・マナー教育概論」（培風館、単著）「学校でする儀式作法の基礎知識＆教職マナーの常識」（明治図書、単著）、「自ら学ぶ道徳教育」（保育出版社、共著）など。東京都水泳協会日本泳法委員。

林　幸克（明治大学文学部専任教授、博士（学術））

　名古屋学院大学、岐阜大学を経て現職。日本特別活動学会常任理事。特別活動、生徒指導、高校教育に関する実証的研究に従事。主著に「高校生の市民性の諸相」（学文社、単著）、「高校生の部活動」（学事出版、単著）、「高校教育におけるボランティア活動」（学文社、単著）、「学級経営・ホームルーム経営の理論と実践」（三恵社、編著）など。剣道教士七段。

●著者（執筆順）

長沼　豊　　はじめに、第1章第1節、第2章第2節、第4章第3節、第5章第1、2、5節、第6章資料1、4、コラム1、2、おわりに
柴崎　直人　第1章第2節、第2章第3、4節、第4章第2、4節、第5章第4節
林　幸克　　第1章第3節、第2章第1節、第4章第1節、第5章第3節、第6章資料2
山根　一樹（多摩市立 多摩第三小学校教諭）第3章第1節
金平　直己（玉川学園 K-12 教諭）第3章第2節
清水　弘美（八王子市立浅川小学校校長）第3章第3節
鈴木　純一郎（エジプト・アラブ共和国 EJS スーパーバイザー）第3章第4節

丹　暁子（足立区立第七中学校主任教諭）第3章第5節

石田　諭史（埼玉県 吉川市立中央中学校教諭）第3章第6節

芝辻　正（芝浦工業大学柏中学高等学校教諭）第3章第7節

小西　悦子（都立光丘高校、東京外国語大学・拓殖大学非常勤講師）第3章第8節

久保田　福美（学習院大学専任講師）第4章第5節

飯沼　慶一（学習院大学教授）第4章第6節

由井　一成（学習院大学非常勤講師・元私立高校教諭）第4章第7節

歌川　光一（聖路加国際大学大学院看護学研究科・准教授）第6章資料3

© Yutaka Naganuma, Naoto Shibazaki, Yukiyoshi Hayashi 2020

改訂第2版 特別活動の理論と実践

2020年 8月17日　改訂第2版第1刷発行

編　著　長沼　豊
　　　　柴崎直人
　　　　林幸克

発行者　田中　聡

発　行　所
株式会社 電気書院
ホームページ　www.denkishoin.co.jp
（振替口座　00190-5-18837）
〒101-0051　東京都千代田区神田神保町1-3 ミヤタビル2F
電話（03）5259-9160／FAX（03）5259-9162

印刷　創栄図書印刷株式会社
Printed in Japan／ISBN978-4-485-30422-8

• 落丁・乱丁の際は，送料弊社負担にてお取り替えいたします．
• 正誤のお問合せにつきましては，書名・版刷を明記の上，編集部宛に郵送・
　FAX（03-5259-9162）いただくか，当社ホームページの「お問い合わせ」をご利
　用ください．電話での質問はお受けできません．また，正誤以外の詳細な解説・
　受験指導は行っておりません．

JCOPY 〈出版者著作権管理機構 委託出版物〉
本書の無断複写（電子化含む）は著作権法上での例外を除き禁じられていま
す．複写される場合は，そのつど事前に，出版者著作権管理機構（電話：03-
5244-5088, FAX：03-5244-5089, e-mail：info@jcopy.or.jp）の許諾を得てください.
また本書を代行業者等の第三者に依頼してスキャンやデジタル化すること
は，たとえ個人や家庭内での利用であっても一切認められません．